U0142199

經典永恆・名著常在

五十週年的獻禮──經典名著文庫

五南,五十年了,半個世紀,人生旅程的一大半,走過來了。

思索著,邁向百年的未來歷程,能為知識界、文化學術界作些什麼?

在速食文化的生態下,有什麼值得讓人雋永品味的?

歷代經典・當今名著,經過時間的洗禮,千錘百鍊,流傳至今,光芒耀人;

不僅使我們能領悟前人的智慧,同時也增深加廣我們思考的深度與視野。

我們決心投入巨資,有計畫的系統梳選,成立「經典名著文庫」,

希望收入古今中外思想性的、充滿睿智與獨見的經典、名著。

這是一項理想性的、永續性的巨大出版工程。

不在意讀者的眾寡,只考慮它的學術價值,力求完整展現先哲思想的軌跡;

為知識界開啟一片智慧之窗,營造一座百花綻放的世界文明公園,

任君遨遊、取菁吸蜜、嘉惠學子!

彩色圖解

Practical Guide to Exercise Physiology

運動生理學導論

Bob Murray、W. Larry Kenney —— 著

高子璽（Tzu-hsi KAO）、鄭士淮 —— 譯

五南圖書出版公司 印行

Practical Guide to Exercise Physiology

Bob Murray, PhD
W. Larry Kenney, PhD

鮑伯·莫瑞博士（Bob Murray, PhD）

　　為美國運動醫學學會院士（FACSM），也是美國開特力運動科學機構（GSSI）的共同創辦人，自 1985 到 2008 年在該單位擔任理事。在運動科學和運動營養的領域上，莫瑞博士監管過許多 GSSI 和大學發起的研究，以科學為基礎，針對產品有效性建立業界標準，滿足消費者的期望。莫瑞博士也曾多次應邀，在世界各地的專業會議中發表演說。

　　莫瑞博士土生土長於匹茲堡，於賓州滑石大學（Slippery Rock University of Pennsylvania）獲得體育學士和教育碩士的學位。1974 至 1977 年間，莫瑞博士曾任職於紐約州立大學奧斯威格分校（Oswego State University），擔任體育助理教授和游泳總教練，隨後赴俄亥俄州立大學攻讀運動生理博士學位。1980 到 1985 年間，在樹城州立大學（Boise State University）擔任體育助理和副教授，之後移居芝加哥，並和合作人一同創辦 GSSI。莫瑞博士的科學性專文和期刊著作豐富，亦是美國運動醫學學會的院士暨美國營養與飲食學會（Academy of Nutrition and Dietetics）的榮譽會員。

W.·賴瑞·肯尼博士（W. Larry Kenney, PhD）

　　為美國諾爾實驗室（Marie Underhill Noll）所長，研究人體生理表現，同時於賓州州立大學的大學園校區任教，教授生理學和肌動學。1983 年，肯尼博士於賓州州立大學取得生理學博士學位。肯尼任職於諾爾實驗室，研究老化和疾病狀態對身體的影響，如高血壓對於控制血流流往人體皮膚的影響，並從 1983 年起持續獲得美國國家衛生研究院（NIH）經費補助。肯尼博士也針對熱、冷和脫水等因素，探討對於健康、運動和競技表現等各方面的影響，以及人體和環境之間進行熱交換的生物物理學。肯尼博士著作等身，數量超過 200 篇，撰述形式包括論文、書籍、書本章節和其他刊物。

　　肯尼博士是美國運動醫學學會院士，曾於 2003 到 2004 年擔任主席，同時為美國生理學會（American Physiological Society）現任會員。

　　拜其於大學與專業領域中的奉獻所賜，肯尼博士榮獲賓州州立大學的優秀學者獎（Faculty Scholar Medal）、伊凡與海倫·帕提薛爾研究生涯卓越獎（Evan G. and

Helen G. Pattishall Distinguished Research Career Award），以及波林・施密特・羅素研究生涯卓越獎（Pauline Schmitt Russell Distinguished Research Career Award），並於 1987 年獲得美國運動醫學學會的新秀研究主持人獎（New Investigator Award），2008 年再獲代表高榮譽的褒揚獎（Citation Award）。

肯尼博士是許多期刊的編輯與顧問團成員，包括《運動與身體活動醫學科學》（*Medicine and Science in Sports and Exercise*）期刊、《近代運動醫學報告》（*Current Sports Medicine Reports*，任委員會成員）、《身體活動與運動科學回顧》（*Sport Sciences Reviews*）、《應用生理學期刊》（*Journal of Applied Physiology*）、《人體生理表現》（*Human Performance*）期刊、《體適能管理》（*Fitness Management*）期刊，以及美國運動醫學學會《健康體適能期刊》（*Health & Fitness Journal*，任委員會成員）。肯尼博士目前於美國國家衛生研究院與其他許多組織擔任計畫審查員。與妻子佩蒂（Patti）育有三名子女，子女均有全美大學體育協會（NCAA）第一級學校的運動員經歷。

現在在翻這本書的你，很可能深信經常運動有益健康，並且有興趣了解在運動和訓練後，身體會產生什麼樣的反饋。在求知的過程中，你一定會發現市面上的運動生理學教科書琳瑯滿目，內容都很豐富。事實上，其中一本最熱銷的大學生運動生理學教科書《運動生理學》（*Physiology of Sport and Exercise, 6th Edition*，作者為 W. Larry Kenney、Jack Wilmore、David Costill，由 Human Kinetics 公司於 2012 年出版）共同作者之一的肯尼博士（W. Larry Kenney），正是本書作者之一。

我們決定撰寫一本不一樣的運動生理學教科書，特地以圖多字少的方式編排。因為我們了解，運動體適能專家工作繁忙，需要有快速簡單的管道，來獲取正確的科學最新知。本書的對象範圍極廣，無論你是過去曾上過運動生理學課程並考取相關證照的專業人士，想要溫故，重拾運動和訓練的相關科學基礎；或是剛接觸運動生理學的新手，想要知新，本書都能適用。

本書提供簡單直觀的方式，讓讀者複習運動生理學的原則，或學習一些可以馬上融入訓練中的新知。也能幫助確認運動計畫內容，或教導他人在經常從事身體活動後，人體會產生什麼反饋和適應反應。不論投入運動的目標是減重或增強肌力、速度、體力，或是了解運動帶來壓力時，人體會如何產生生理反饋，本書提供的內容都會是所有運動體適能專業人士應具備的基本知識。

本書架構

《彩色圖解運動生理學導論》分成三大部分。第一部分說明肌肉、心臟、肺臟和神經等系統對運動和訓練會如何產生反饋、飲食如何轉換成能量、氧氣如何讓食物分解成能量，以及疲勞會如何限制運動能力。

第二部分著重於訓練計畫的設計，會先帶到各種訓練計畫的基礎概念，再聚焦於針對特定目標打造的訓練計畫有何特色，包括用來提升肌力和肌肉量、快速減重、提升速度和爆發力，以及將有氧耐力最大化的計畫。

第三部分內容探討特殊的運動情境，如訓練學員／運動員抵禦熱、冷、高海拔環境和空氣汙染的影響。同時針對兒童、孕婦和年長者三大族群，探討如何設計訓練計畫。

本書特色

本書圖文並茂，搭配大量圖片和詳細圖說，融入特有的敘述方式，將科學原理以實際應用形式呈現：

- 以平易近人的遣詞用字，解說科學術語和概念的定義。
- 旁徵博引，以豐富例子幫助訓練者應用生理學知識，來協助其學員達到目標。
- 插圖與照片豐富，在閱讀上賦予引人入勝的視覺效果。
- 頁內另闢專欄，針對運動生理學補充重要主題和常見問題。
- 內文中穿插有趣的實例，讀來饒富趣味。

如果你對運動生理學的相關知識仍了解甚少，這本《彩色圖解運動生理學導論》可以帶你開始探索運動科學領域；如果你曾研習過運動生理學，本書針對人體生理學、代謝和營養，幫助你快速複習基本概念和科學方面的實際應用。我們希望本書的資訊能同時協助訓練者與學員將知識應用於生活實務中。

誌謝

我們必須對 Human Kinetics 公司的員工致上謝意，他們眼光獨到，讓本書能有誕生的機會；他們持之以恆，幫助我們投入撰寫；他們無盡的耐心，使本書得以付梓。特別感謝艾咪・塔可（Amy Tocco）和凱特・莫勒（Kate Maurer）自始至終在整個過程帶領我們。另外要感謝喬安・布魯梅特（Joanne Brummett），在製作插圖時給予美術指導，讓科學概念能以簡單易懂的方式呈現。

最後，還有一件重要的事情，那就是對我們家庭的無盡感激，包容我們在需要完成這本書時有許多時間不在家裡。沒有人抱怨我們花了太多時間在這本書上，這不啻是他們耐心、支持與愛的表現，又或者因為我們的忙碌，反而讓他們樂得享有屬於自己的時間。無論如何，我們都非常感激他們的所有幫助，讓一切得以順利完成。

鮑伯・莫瑞（Bob Murray）
W.・賴瑞・肯尼（W. Larry Kenney）

目錄

PART II 科學化的訓練計畫設計

PART III 特殊情境下的訓練

PART I

要強身，先固「本」
生理學基本觀念大匯集

第 1 章

人體如同「肌」器

當你訓練肌肉時，同時也訓練了支持肌肉的所有機制。

運動生理學是了解身體對於運動與體能訓練如何進行反應的一門學問，而肌肉好比引擎驅動著身體，在運動時身居要角，本書將從骨骼肌的介紹開始，帶領讀者一窺究竟。在運動期間，你會發現心跳加快，呼吸開始變得沉重，這些都是你正在大量使用肌肉做出動作的正常現象。要知道，運動訓練的目的就是為了試著改變肌肉，讓肌肉變得更大、更強壯、更健美、更有彈性，或是讓動作更快、更敏捷，或者肌耐力更強。透過適當的訓練，這些改善都有機會達成。然而，肌肉不會單獨運作，在訓練肌肉的同時，也在訓練神經系統、心、肺、血管、肝、腎，以及其他許多器官和組織。一項有效的運動計畫不只考量到肌肉，更要放大格局去考量相關層面——這點在設計時必須銘記在心。

由於肌肉是身體動作的基礎，本書將以簡介肌肉生理的運作方式開始，再逐一介紹後續概念與應用。

肌肉如何運作？

簡單看圖 1.1，類似的圖在許多教科書上都有出現過，因爲學會辨識肌肉的基本構造是很重要的事。當說到肌肉，大概會直接想到骨骼肌，因爲不僅所有運動都和骨骼肌有關，當這些肌肉工作、疲勞還有疼痛時，也可以直接感受到。不過位於心臟的心肌，以及構成血管和消化道的平滑肌對於支持我們身體的運動能力也貢獻良多，這兩種肌肉有不同的構造和功能。由於骨骼肌是驅動身體的主要角色，本篇重點將以骨骼肌爲主。

骨骼肌雖有各種形狀和大小，但內部構造都相同。骨骼肌說來並不複雜，是由個別肌細胞以束狀匯集（稱爲肌纖維束）而成，成群排列並由各自所屬神經（α 運動神經元，見

骨骼肌的組成中，約 75% 是水，這意味著，如果你增肌 10 磅（約 4.5 公斤），事實上 7.5 磅（約 3.5 公斤）是水，另外 2.5 磅（約 1 公斤）則是收縮性蛋白質和其他細胞構成物。

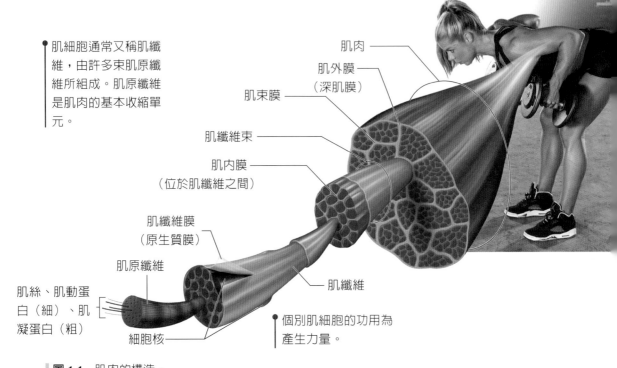

肌細胞通常又稱肌纖維，由許多束肌原纖維所組成。肌原纖維是肌肉的基本收縮單元。

肌肉

肌外膜（深肌膜）

肌束膜

肌纖維束

肌內膜（位於肌纖維之間）

肌纖維膜（原生質膜）

肌原纖維

肌絲、肌動蛋白（細）、肌凝蛋白（粗）

細胞核

肌纖維

個別肌細胞的功用為產生力量。

圖 1.1 肌肉的構造。

圖 1.2）控制，使肌細胞能整群一致收縮。單一肌細胞內充滿收縮性蛋白質（肌原纖維內的肌動蛋白與肌凝蛋白）、酵素（用以加速生理反應）、細胞核（用以製造蛋白質）、粒線體（產生能量）、肝醣（葡萄糖的儲存型態，可提供細胞能量）以及肌質網（幫助肌肉收縮與舒張，見圖 1.4）。單一肌細胞的內部由蛋白質的結構支撐，外部則有各種結締組織如**肌內膜（endomysium）、肌束膜（perimysium）和肌外膜（epimysium）**，來幫忙支持個別細胞、肌束還有整個肌肉。

　　肌肉的基本功能是讓骨頭順著關節移動，不論是需要一口氣搬運重物、短距離衝刺或長距離的單車運動，都需要透過肌肉收縮，產生足夠的力量來達成。

支配眼球活動的肌肉，其運動單元僅含 10 個肌細胞。

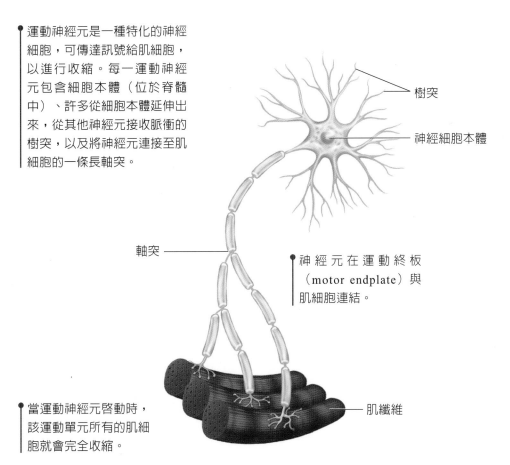

運動神經元是一種特化的神經細胞，可傳達訊號給肌細胞，以進行收縮。每一運動神經元包含細胞本體（位於脊髓中）、許多從細胞本體延伸出來，從其他神經元接收脈衝的樹突，以及將神經元連接至肌細胞的一條長軸突。

樹突

神經細胞本體

軸突

神經元在運動終板（motor endplate）與肌細胞連結。

當運動神經元啟動時，該運動單元所有的肌細胞就會完全收縮。

肌纖維

圖 1.2　單一運動單元（包含單一運動神經元，與其支配的肌纖維）。

電訊息連結

　　骨骼肌纖維不會自主收縮，需要透過來自腦部的訊號才能收縮（有些反射動作僅包含脊神經和肌肉，雖然訊號沒有經過腦部，仍能使身體產生動作）。圖 1.2 是簡單的示意圖，描繪了一條神經（一個運動神經元）連結到三個肌細胞。運動神經元與其連結的一個個肌細胞組成一個運動單元。單一運動神經元根據肌肉的大小和功能，可連結到數十、數百甚至數千個獨立的肌細胞，並產生神經支配功能。當運動神經元傳遞神經訊號時，該運動單元的所有肌細胞就會完全收縮。簡單的動作如拿起一支叉子，只需要少量的運動單元；但需要全部肌力的動作，就需要投入最多運動單元來完成。肌肉也會跟其他器官系統協同運作，當新手開始肌力訓練時，在最初數月肌力之所以會進步，最主要是因為中樞神經系統所徵召的運動單元數量增加，這個例子充分說明了前述原理。

　　了解神經如何促成肌肉收縮是很重要的，因為若在過程中受到干擾，肌力就會流失。對此，本書第 4 章將詳細介紹。圖 1.3 概述肌肉收縮的各個步驟，可以初步了解或複習骨骼肌細胞如何收縮。

　　本段簡單解釋一下肌肉是如何收縮的：首先，一個神經脈衝從腦部傳到脊髓，再經由脊髓向下經過運動神經元，傳達到前述運動單元裡的肌細胞。在運動神經元與肌細胞的接合處（稱為神經肌肉接點），一種稱為乙醯膽鹼的神經傳導物質會釋放到神經與肌肉之間（此處稱為突觸或突觸間隙）。神經脈衝因此可傳導到運動神經元支配下的所有肌細胞，進而讓所有肌細胞一致收縮。在細胞收縮之前，神經脈衝經過整個肌細胞膜（肌纖維膜或原生質膜），透過 T 管（橫小管）迅速滲入細胞內部。每一次神經脈衝會引發鈣離子（分子）從肌質網上釋放出來，鈣離子的釋放會促成肌肉的收縮（見圖 1.3 的詳細說明）。當神經脈衝停止時，鈣離子立刻被收回肌質網內，肌細胞就會放鬆。

有些 α 運動神經元的長度可能超過 3 英尺（大約 1 公尺）長。

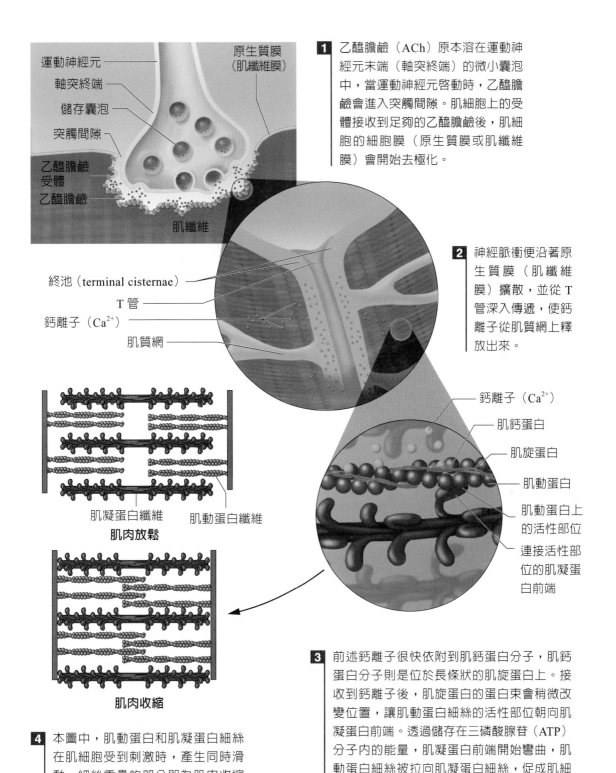

運動神經元

軸突終端

儲存囊泡

突觸間隙

乙醯膽鹼
受體

乙醯膽鹼

原生質膜
（肌纖維膜）

肌纖維

1 乙醯膽鹼（ACh）原本溶在運動神經元末端（軸突終端）的微小囊泡中，當運動神經元啟動時，乙醯膽鹼會進入突觸間隙。肌細胞上的受體接收到足夠的乙醯膽鹼後，肌細胞的細胞膜（原生質膜或肌纖維膜）會開始去極化。

終池（terminal cisternae）

T 管

鈣離子（Ca^{2+}）

肌質網

2 神經脈衝便沿著原生質膜（肌纖維膜）擴散，並從 T 管深入傳遞，使鈣離子從肌質網上釋放出來。

鈣離子（Ca^{2+}）

肌鈣蛋白

肌旋蛋白

肌動蛋白

肌動蛋白上的活性部位

連接活性部位的肌凝蛋白前端

肌凝蛋白纖維　　肌動蛋白纖維

肌肉放鬆

肌肉收縮

3 前述鈣離子很快依附到肌鈣蛋白分子，肌鈣蛋白分子則是位於長條狀的肌旋蛋白上。接收到鈣離子後，肌旋蛋白的蛋白束會稍微改變位置，讓肌動蛋白細絲的活性部位朝向肌凝蛋白前端。透過儲存在三磷酸腺苷（ATP）分子內的能量，肌凝蛋白前端開始彎曲，肌動蛋白細絲被拉向肌凝蛋白細絲，促成肌細胞縮短。

4 本圖中，肌動蛋白和肌凝蛋白細絲在肌細胞受到刺激時，產生同時滑動。細絲重疊的部分即為肌肉收縮時脹大的地方。

▌**圖 1.3**　促成肌肉收縮的一連串過程。

　　圖 1.4 清楚顯示原生質膜（肌纖維膜）和 T 管的連接，以及單一肌細胞中的肌原纖維如何被肌質網（SR）環繞。在肌細胞內的擁擠空間，充滿了各式各樣用以產生能量（ATP）的酵素、肝醣分子（葡萄糖的儲存型態）、脂肪分子，還有其他分子與結構物。

　　上述所謂的「其他分子」，其中之一為肌聯蛋白。近年來，科學家發現肌聯蛋白不只幫助維持肌纖維的整體構造，保持滑動細絲（肌動蛋白與肌凝蛋白）的協調，對肌力也扮演重要角色，尤其是在肌肉拉長（離心收縮）時。鈣離子似乎會使肌聯蛋白硬化，這現象有助於說明讓肌肉在離心（拉長）收縮時比向心（縮短）收縮展現更多的力量。原因可能是肌細胞裡實際上含有肌動蛋白、肌凝蛋白和肌聯蛋白三種收縮性蛋白質。

肌聯蛋白是目前已知的最大蛋白質，由 34,350 種胺基酸組成。也因此，其正式化學式名有 189,819 個字母，需要超過 3 小時才能念完，是英語中最長的單字。

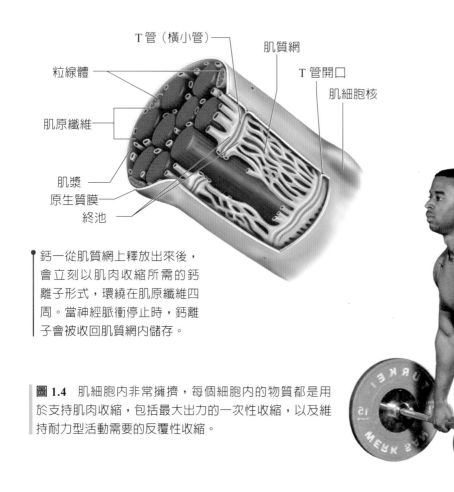

鈣一從肌質網上釋放出來後，會立刻以肌肉收縮所需的鈣離子形式，環繞在肌原纖維四周。當神經脈衝停止時，鈣離子會被收回肌質網內儲存。

圖 1.4 肌細胞內非常擁擠，每個細胞內的物質都是用於支持肌肉收縮，包括最大出力的一次性收縮，以及維持耐力型活動需要的反覆性收縮。

不同類型細胞的各種工作

　　在特性上，肌細胞既然可以讓人體做出短時間的爆發性動作，也可以完成出色的耐久型運動表現，則不難想見肌細胞擁有各種類型。肌纖維（細胞）可簡單分為第一型（慢縮肌）和第二型（快縮肌），第一型肌纖維多發揮在耐力型運動中，而第二型肌纖維則使用於短跑或其他歷時短、強有力的動作。圖 1.5 為肌組織橫切面，經過染色後，顯現了不同類型的肌纖維。一群運動單元只牽涉其中一類的纖維。對於支配第一型運動單元的運動神經元，其直徑會比支配第二型運動單元的運動神經元還小。另外一個不同點是，相較於第一型運動單元，第二型運動單元所包含的肌纖維較多。因此，第二型運動單元在啟動時可以產生更多力量。

> 第一型和第二型肌細胞在手臂和大腿部分的組成比例是相似的，但仍會因人而異。

　　在組成上，多數肌肉約略是 50% 快縮肌與 50% 慢縮肌。然而如表 1.1 所示，相關比例的變動幅度可以很大。有些頂尖長跑者在腿部肌肉的慢縮肌（第一型肌纖維）比例超過

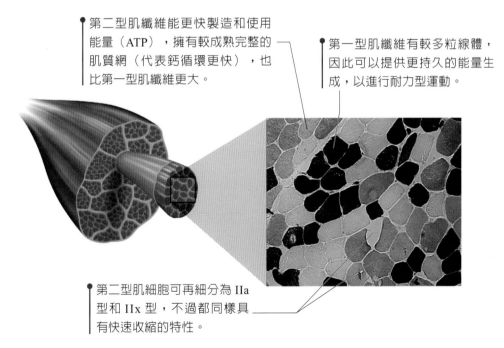

第二型肌纖維能更快製造和使用能量（ATP），擁有較成熟完整的肌質網（代表鈣循環更快），也比第一型肌纖維更大。

第一型肌纖維有較多粒線體，因此可以提供更持久的能量生成，以進行耐力型運動。

第二型肌細胞可再細分為 IIa 型和 IIx 型，不過都同樣具有快速收縮的特性。

圖 1.5　肌細胞經過特化，執行特定功能，可達成各式各樣的任務。

資料來源：Micrograph reprinted from W.L. Kenney, J.H. Willmore, and D.L. Costill, 2015, *Physiology of sport and exercise, 6th ed. (Champaign*, IL: Human Kinetics), 39. By permission of D.L. Costill.

90%，而有些頂尖短跑者的肌肉比例則相反。雖然肌纖維類型的比例會由基因決定，但接受適當的訓練，可以改善任何肌細胞的功能——而這正是精進體態和運動表現的基礎。

表 1.1　男女運動員在特定部位肌肉的第一型與第二型肌纖維所占百分比與橫切面面積

運動員專項	性別	肌肉	第一型肌纖維百分比 %	第二型肌纖維百分比 %
短跑	男	腓腸肌	24	76
	女	腓腸肌	27	73
長跑	男	腓腸肌	79	21
	女	腓腸肌	69	31
自由車	男	股外側肌	57	43
	女	股外側肌	51	49
游泳	男	後三角肌	67	33
舉重	男	腓腸肌	44	56
	男	三角肌	53	47
鐵人三項	男	後三角肌	60	40
	男	股外側肌	63	37
	男	腓腸肌	59	41
輕艇	男	後三角肌	71	29
鉛球	男	腓腸肌	38	62
非運動員	男	股外側肌	47	53
	女	腓腸肌	52	48

資料來源：Adapted, by permission, from W.L. Kenney, J.H. Wilmore, and D.L. Costill, 2015, *Physiology of sport and exercise*, 6th ed. (Champaign, IL: Human Kinetics), 45.

當肌肉伸展時發生了什麼事？

每次伸展肌肉時，為什麼都會覺得緊緊的？舉例來說，當你在繃直膝蓋的狀況下試著碰到你的腳趾時，大腿後側的肌肉（腿後腱肌群）會被伸展，而你則會感到緊繃，這究竟是為什麼呢？過去數十年，一般認為對於伸展時促成的被動張力，是源於肌肉周遭結締組織的張力增加。然而後來發現，結締組織可能並不是肌肉伸展時張力增加的原因。離心肌肉收縮會拉長肌細胞，減少肌動蛋白和肌凝蛋白的相互作用，然而離心收縮是非常有力的。近來研究指出，肌聯蛋白（為結構性蛋白質）可能在離心收縮的力量供應扮演重要的角色。肌聯蛋白是一種大型蛋白質，像是存在於每一個骨骼肌細胞中的彈簧，當細胞被拉長時，肌聯蛋白分子也會跟著被拉長，就像橡皮筋一般，同時因為肌動蛋白與肌凝蛋白所產生的力量，進而提升本身的張力。也因此，肌聯蛋白被視為肌細胞中的第三種收縮性蛋白質。

肌肉如何適應訓練？

　　簡單來說，當肌肉因為運動而承受壓力時，為了能夠承擔這個壓力，肌肉會漸漸增加本身的承受度。例如，在舉重時，肌肉會透過增加運動單元的徵召數量，並產生更多肌原纖維蛋白（肌動蛋白、肌凝蛋白，以及其他會牽涉到肌肉收縮的蛋白質），來應付肌力訓練。這些變化會增加肌力，且往往使肌肉增大。耐力型訓練時，粒線體（可產生能量）以及酵素（用於分解肝醣、葡萄糖和脂肪酸來產生能量）的數量和大小會增加，使肌肉適應訓練。

　　前述適應變化之所以會發生，是因為經常性訓練後，每一肌細胞中的許多細胞核會產生轉變。DNA 存在於每一肌細胞的細胞核內，DNA 上的基因就是肌細胞中每個蛋白質的藍圖，像是細胞內收縮性蛋白質、結構性蛋白質、調節性蛋白質、粒線體蛋白質以及酵素。透過訓練，在細胞內的基因表現會產生變化，進而提升功能性蛋白質的數量。

　　如圖 1.6 所示，運動訓練的刺激，最終會促成適應變化，而這些適應變化則需要

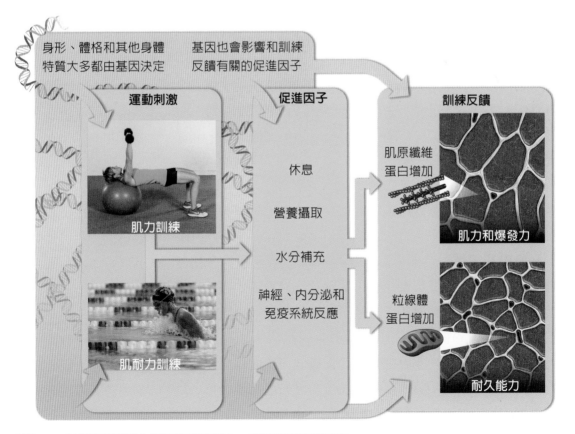

圖 1.6　肌細胞透過強化肌肉的運動能力，來適應訓練的壓力。

各式各樣的促進因子，用來將訓練促成的反饋最大化。舉例來說，如果學員／運動員營養不良、休息不足，或在過程中逐漸脫水，訓練所產生的反饋就無法最大化。人體的神經、免疫和荷爾蒙（內分泌）系統有助於將訓練的反饋效果最大化，若水分、營養和休息不足，這些系統則會受到干擾。換句話說，為了達到最佳的運動訓練反饋，一項出色的訓練計畫，必須安排適當補充水分、營養和休息，以達到相輔相成的效果。

在訓練促成的適應變化上，基因同樣扮演重要角色。每個人對於運動訓練促成的適應變化都不同，這是因為每個人都有自己獨特的基因組成。針對訓練的反饋，基因會決定其速度和強度。即使每位學員／運動員都在相同的肌力和身材條件下執行運動計畫，仍有些人會比別人更快適應運動訓練，並在肌力、速度和耐力表現有更多進步。換句話說，針對運動訓練促成的反饋，有些人是高度反應者，有些人則是低度反應者。性別也會影響針對運動訓練的適應能力，舉例來說，由於體內睪固酮濃度較高，男性的肌肉在經歷肌力訓練後會有較顯著的肌肥大現象（hypertrophy）。本書後續將探討這些性別上的差異。

基因之所以舉足輕重，是因為基因的構成決定了肌力、速度與耐力表現的上限。例如，研究指出，有 25% 到 50% 的最大耗氧量（$\dot{V}O_{2max}$）是由基因決定的。殘酷的是，無論受訓者多麼投入訓練，他們在 $\dot{V}O_{2max}$ 方面所能達到的最佳表現，仍可能低於未受訓練但天生 $\dot{V}O_{2max}$ 較高的人。在肌力、速度、敏捷性、柔軟度，還有其他運動特質也可能有這種狀況。

如果基因僅決定部分對於運動訓練的適應能力，那其他還有什麼可以形成影響？箇中關鍵就在於對運動訓練的態度、投入、休息、營養和水分補充。運動訓練的適應變化需要數個月持續訓練才能顯現，藉由常讓肌肉承受額外的壓力，配合適當休息、水分補充和營養攝取，才能建立和維護胞內環境，在環境中將所有功能性蛋白質的產量最大化，以應付增加的肌力、速度和耐力需求。

肌肉收縮時猶如一具肌肉幫浦，可促進血液透過靜脈回流到心臟。

有氧訓練、無氧訓練跟肌力訓練促成的適應變化

　　肌肉就像驅動身體的引擎，而一如所有引擎，肌肉也必須加油和冷卻，並排除多餘的產物，這些工作透過內分泌激素（諸如腦下垂腺、下視丘、甲狀腺、胰臟和腎上腺），交給肺臟、心臟、血管、肝臟和腎臟來完成。正是組織和器官支持著肌肉功能，肌肉才有辦法適應訓練。

　　以下列出有氧訓練（耐力型訓練）帶來的許多適應變化，這些結果可以支持骨骼

有氧訓練促成的適應變化

心臟方面

- 增大心臟體積（心臟肥大）
- 增加心臟的左心室厚度
- 減少休息時的心跳率
- 在每次運動後更快恢復心跳率
- 增加最大心輸出量（每分鐘心臟送出來的血液量）
- 增加心搏量（每次心跳送出的血液量）

肌肉方面

- 增加最大耗氧量（$\dot{V}O_{2max}$）
- 增進耐力表現
- 提升肌肉活化時可從血液中獲取的氧氣量
- 增加從碳水化合物和脂肪產生能量（ATP）時所需的酵素
- 增加肌肉和肝臟的肝醣量
- 增進第一型肌細胞的橫切面面積
- 增加肌肉的肌紅蛋白含量
- 增加肌細胞內粒線體的數量和大小
- 提升乳酸閾值
- 提升乳酸生成量的最大值
- 進行非最高強度（submaximal intensities）的運動時，增加使用脂肪酸作為能量來源的依賴

循環方面

- 增加血漿含量（血液中的液體部分）
- 增加血量（血漿含量＋ RBC）
- 提升最大血壓（收縮壓）
- 增加活動中肌肉和皮膚的血流流動
- 提升肌肉血流量（增加微血管數量並更活化利用原本的微血管）
- 增加紅血球（RBC）數量
- 幫助高血壓患者降低休息時血壓
- 減少非最高強度運動時的血壓
- 促使血液自未活動組織流到活動中的肌肉和皮膚

肺臟方面

- 提升肺臟的最大通氣量（增高潮氣量和呼吸率）
- 促進氧氣（O_2）和二氧化碳（CO_2）在肺臟的擴散

肌在有氧訓練中持續地收縮。要改善健康和身體表現，運動是最有力的工具，上頁下半部列出的適應變化洋洋灑灑，正為此作一最佳註解。

　　跑步、游泳、足球、美式足球、籃球、角力、排球、拳擊、曲棍球跟橄欖球等運動項目中，訓練菜單包括短跑衝刺和高強度動作，所產生的適應變化有一部分與耐力型訓練相似，但其他部分的適應變化則是為了更能負荷高強度、短時間的運動需求。本頁下半部列出了無氧運動訓練計畫的眾多適應變化。

　　無氧運動訓練計畫也可有效改善有氧耐力和表現。這並不是說耐力型運動員需要將訓練課表轉換成無氧項目，而是說在不犧牲有氧體適能的情況下，耐力型運動員可以增進其速度和爆發力。極短時間的無氧運動訓練（例如 10 分鐘暖身運動後進行六次 30 秒衝刺，各間隔 3 分鐘休息）的另一個實用價值在於，訓練時間較少的狀況下，就得以提升身體的有氧運動和無氧運動能力。對於很難每天抽出一、兩個小時來運動的人來說，這是一大福音，第 8 章將回來討論這個主題。肌力訓練促成的適應變化可能一如預期，正如本章節先前所述，初期肌力的增長是由於中樞神經系統的改變，在出力的過程中得以徵召更多運動單元。再來經過積年累月的訓練後，肌肉產生了愈來愈多的收縮性蛋白質，肌力和肌肉量便逐漸增加。大多數訓練型態都可加強骨頭和韌帶的強度，尤其是需要承重或反覆接受高強度衝擊的動作，像是跑步、體操、肌力訓練和爆發力訓練。對於骨頭較沒有負擔的運動項目（如自行車、游泳），實際上可能會限制骨骼發育和肌力強化的潛力。也因此，如果能交叉訓練，將會利於骨骼增強。

無氧訓練促成的適應變化

肌肉方面

- 提升無氧爆發力和耐受力
- 提升有氧爆發力與耐受力
- 提升肌力
- 增加第二型肌纖維的大小
- 增加第一型肌纖維的大小（但少於第二型肌纖維）

- 小幅增加第二型肌纖維在肌肉中所占比例
- 促進三磷酸腺苷－磷酸肌酸酵素（ATP-PCr）活動
- 促進醣解酵素的作用
- 針對有氧 ATP 製程（即克氏循環，Krebs cycle），促進其中的酵素數量

骨骼方面

- 增強骨密度與骨骼強度
- 增加韌帶和肌腱的強度

要促成最大的適應變化，必須損傷肌肉嗎？

　　簡單來說，答案是肯定的。肌纖維有輕微損傷，有助於適應變化，但需要事先學習相關背景知識。英文中的金句：「No pain, no gain」（有苦才有得）雖有其道理，但疼痛可能導致受傷或更嚴重的後果，所以可不是個好建議。儘管如此，如果是為了刺激肌肉來增加收縮性蛋白質和肌力，使肌肉常態性受損會是必要的嗎？雖然幾乎每個人都體驗過劇烈運動（尤其是高強度運動）所帶來的急性肌肉痠痛，但這些痠痛和

肌力訓練促成的適應變化

肌肉方面

- 可徵召更多運動單元
- 可增加對運動單元的刺激頻率
- 可更同步徵召運動單元
- 減少對運動單元的抑制
- 增大肌細胞（肌肥大）
- 可能小幅增加肌細胞數量（肌肉增生）

骨骼方面

- 增加骨密度與骨骼強度
- 增加韌帶和肌腱的強度

不適感通常只會在運動後持續幾分鐘而已。若運動後肌肉痠痛時間延長，或一兩天後才出現，稱爲延遲性肌肉痠痛（DOMS），代表肌肉受損。

DOMS 是由肌肉的離心收縮造成的，像是跑下坡、將槓鈴向下放，或反覆從平臺跳下，都有可能導致 DOMS。因爲幾乎所有動作都涉及某些離心收縮，因此DOMS 通常會發生在新接觸一項不同的運動項目之後。如圖 1.7 所示，在每一次離心收縮時，肌肉會阻止自己變長，導致肌細胞膜被撕裂，收縮性蛋白質的排序（alignment）也會被打亂。水腫（受損部位的腫脹）和發炎也是 DOMS 最明顯的徵象，因爲此刻組織液和免疫細胞會從血液中輸送到受損肌肉，以處理損傷，並生成新的蛋白質。

由於收縮性蛋白質受損，而原本被儲存在肌肉中的肝醣也會用於修復肌肉，所以 DOMS 會造成短暫的肌力下降。然而，週期性經歷 DOMS，是否會對於刺激肌肉增長（即肌肥大）有幫助呢？要讓肌肉增大有很多種方法，而肌肉損傷的確有可能幫助增肌。研究指出，離心運動訓練比向心運動訓練更能促進肌肥大，而有趣的是，研究人員也曾表示肌肥大在快速的離心運動訓練下會更明顯，可能是因爲這樣的訓練會使肌肉受損更嚴重。儘管該發現並非是說離心收縮爲肌力訓練的唯一方式，但研究確實強調了若想要增加肌肉量和肌力，以週期性方式進行離心運動訓練（和經歷DOMS）是很重要的。

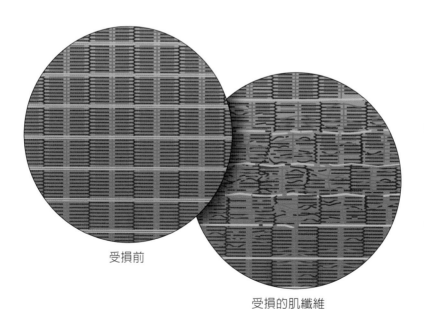

受損前

肌肉若嚴重受損，會打亂收縮型肌纖維（contractile filament），導致發炎反應和疼痛。

在損傷修復之前，肌力會下降。

受損的肌纖維

圖 1.7 運動可能損傷肌肉，輕者不會有任何影響，重則會導致肌肉的衰弱。

抽筋（肌肉痙攣）究竟是怎麼一回事？又可以如何避免？

　　發生抽筋的情況各異，但你一定有經歷過。通常抽筋帶來痛苦的時間不長，然而最要命的抽筋可能讓你躺平一整天。肌肉功能和中樞神經系統（CNS）活動以及人體營養息息相關，而肌肉痙攣的發生，正為此下了很好的註腳。

　　現今科學界對抽筋的了解有三大要點，讓我們由此開始探討：(1) 並不是所有抽筋都屬於同一類型；(2) 抽筋通常不是單一原因造成；以及 (3) 綜合以上兩點，要預防肌肉痙攣，沒有單一方法。

　　最常見的肌肉痙攣是當單一肌群收縮，而且收縮持續不停，造成立即性的局部疼痛。比如說，跑者或自由車騎士小腿後側抽筋，美式足球員大腿後側抽筋，游泳運動員足部抽筋，以及一般人睡覺時腿部抽筋。

　　部分抽筋的起因似乎在於神經傳遞訊息至肌肉時，受到過多刺激。另一可能原因是缺水，或因流汗同時流失水分與鹽分。游泳運動員會發生的足部抽筋，則可能起因於游泳時腳底板不斷繃緊而造成的局部疲勞。至於一般人睡眠時或其他非運動狀況下的抽筋，則可能是來自於神經與肌肉之間運作上的不平衡現象（會於後續段落探討）。全身性的肌肉痙攣有時也稱作「熱痙攣」（heat cramp），是所有抽筋類型裡最嚴重的。一般認為發生原因在於在高強度或長時間運動中大量流失水分和鹽分。

　　肌肉發生痙攣，代表在運動神經與肌肉的正常訊息傳遞之間，產生不平衡的現象。由於痙攣只針對神經訊息的傳遞，所以持續抽筋，代表神經釋放的訊息不正常，不斷影響所支配的肌肉。

　　1878 年，醫生發現美國內華達州的金礦工人容易有全身肌肉痙攣的問題，同樣的狀況也發生在胡佛水壩工人與蒸汽船的鏟煤工人身上。前述所有事例的工人，後來均透過增加水分和鹽分攝取來避免抽筋。保持體內水分足夠、營養充足（攝取碳水化合物），以及適當鹽分補給（補充電解質）可以預防因為缺水、疲勞和鹽分流失而產生的肌肉痙攣。

　　一旦抽筋，能做的就是先停止運動並自我伸展（或是請別人幫忙伸展）。若為情況嚴重的全身性抽筋，通常需要靜脈注射鹽分和肌肉鬆弛處方劑。其他抽筋的緩解方法包括喝少量的醃黃瓜汁、嚐一點黃芥茉、吃香蕉或柳丁，以及注射葡萄糖酸鈣或硫酸鎂。在這些方法中，只有醃黃瓜汁的效果有科學研究的證據支持。研究者認為在醃黃瓜中的乙酸（醋酸）能刺激口腔和喉嚨內的受體，進而減少神經訊息傳遞至抽筋部位的肌肉。薑或是含辣椒素成分的常見香料也可減緩抽筋的強度和持續時間。

肌細胞如何變得更大、更強壯？

所有類型的運動都會使肌細胞內外產生立即變化，這些改變可促進生成新的功能性蛋白質。進行有氧訓練後，各式各樣的訊號會生成更多酵素，用於有氧能量製成，並生成更多粒線體來製造能量，同時出現更多慢縮型肌纖維類型的肌凝蛋白細絲。

肌肉變大（即肌肥大）的原因

- 收縮性蛋白質（肌動蛋白和肌凝蛋白）增多
- 肌漿增多
- 肌原纖維單元增多
- 結締組織增多
- 細胞內含水量增多

肌力訓練則會由神經訊號刺激肌細胞內的細胞核（每一骨骼肌細胞都包含許多細胞核），以生成更多收縮性蛋白質，同時喚醒衛星細胞進行運作。

什麼是衛星細胞？

　　每個骨骼肌細胞的原生質膜（肌纖維膜）上都會有微小的衛星細胞附著，衛星細胞平時並沒有任何功用，只有肌力訓練、肌肉損傷或肌肉病症才能促使衛星細胞發揮作用。衛星細胞被喚醒後，便開始動作，快速生長並擴張到鄰近的肌細胞，而沒有被喚醒的衛星細胞則待機，以應付日後的需求（圖 1.8）。兒童期的早期、青春期期間，以及進行訓練或受損時，肌肉會生長，而衛星細胞的增生多數和這類生長有關。

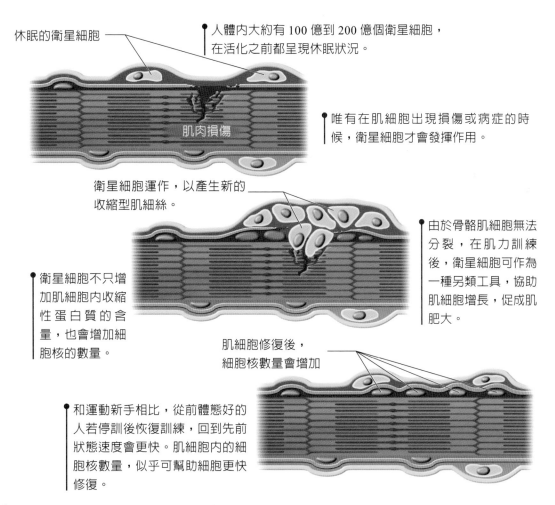

休眠的衛星細胞

人體內大約有 100 億到 200 億個衛星細胞，在活化之前都呈現休眠狀況。

肌肉損傷

唯有在肌細胞出現損傷或病症的時候，衛星細胞才會發揮作用。

衛星細胞運作，以產生新的收縮型肌細絲。

由於骨骼肌細胞無法分裂，在肌力訓練後，衛星細胞可作為一種另類工具，協助肌細胞增長，促成肌肥大。

衛星細胞不只增加肌細胞內收縮性蛋白質的含量，也會增加細胞核的數量。

肌細胞修復後，細胞核數量會增加

和運動新手相比，從前體態好的人若停訓後恢復訓練，回到先前狀態速度會更快。肌細胞內的細胞核數量，似乎可幫助細胞更快修復。

▌**圖 1.8**　衛星細胞開始作用，修復肌肉損傷，並促成肌肥大。

　　衛星細胞會增加肌細胞內收縮性蛋白質的含量以及細胞核的數量。由於肌細胞是大型細胞，因此需要許多細胞核去支持細胞內的經常性需求，以持續生成新的蛋白質。一般來說，體態愈好、體能愈強的人，肌細胞內核種數量就會愈多。這在你年歲增長時可能是件好事，因為細胞核的數量應可維持相當長的時間。這些增加的細胞核說明了為什麼過去體態好的人若恢復訓練，可以比訓練新手更快進步。

荷爾蒙（激素）扮演著什麼角色？

　　類固醇，以及睪固酮、胰島素、第一型類胰島素生長因子（IGF-1）和生長激素（GH）等非類固醇荷爾蒙都會促進生成肌細胞內的功能性蛋白質。圖 1.9 顯示了睪固酮如何發揮效果，影響肌細胞內的蛋白質製成。高劑量睪固酮以及其他同化性類固醇（包括荷爾蒙前驅物，以及英文稱為「designer steroid」的詭詐型類固醇，係設計用來不被藥檢測出）都會大幅增加肌肉量和肌力，這是因為睪固酮等荷爾蒙可以持續刺激收縮性蛋白質的製成，因而在運動比賽中禁止使用。

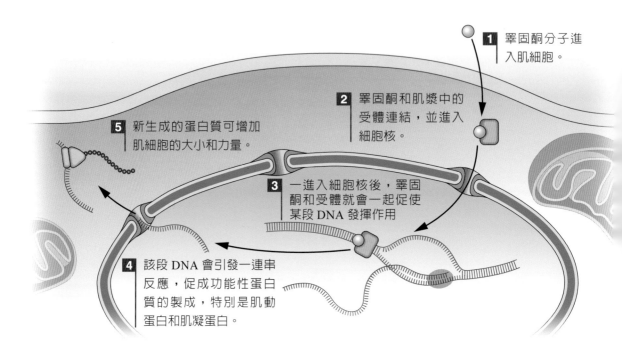

1 睪固酮分子進入肌細胞。

2 睪固酮和肌漿中的受體連結，並進入細胞核。

5 新生成的蛋白質可增加肌細胞的大小和力量。

3 一進入細胞核後，睪固酮和受體就會一起促使某段 DNA 發揮作用

4 該段 DNA 會引發一連串反應，促成功能性蛋白質的製成，特別是肌動蛋白和肌凝蛋白。

▌圖 1.9　類固醇和其他荷爾蒙及生長因子都可以促進肌細胞內各類功能性蛋白質的製成。

第 2 章

真正的能量來源
——食物

我們應該吃得聰明，因為食物和水分的攝取會影響運動表現、恢復和適應變化。

人體肌肉之所以能夠收縮，究其原因，都該歸功於陽光。這是因為每次肌肉收縮都需要能量，而地球上的生物能量源自於太陽。蘊含在陽光內的能量由陸地上與水中的植物所捕捉，並透過光合作用轉化成燃料——也就是碳水化合物、蛋白質和脂肪。動物採食植物（有時也會彼此相互捕食）來攝取植物營養素內的能量，轉化為碳水化合物、蛋白質與脂肪，供給動物生長和日常動作所需。人類則是食用動植物，獲取生長和日常動作所需的碳水化合物、蛋白質與脂肪。正如英文俗語所說：「吃什麼，身體就給你什麼。」（You are what you eat.）

從食物轉化成能量

　　碳水化合物、蛋白質與脂肪所含的能量，可形成所有代謝過程所需的能量，包括肌肉的收縮。身體會先將食物轉化成可利用的能量分子型態，稱為三磷酸腺苷（adenosine triphosphate，簡稱 ATP）（見圖 2.1）。

　　不論在一天當中哪一時段，人體中 ATP 總重都僅為 100 公克（大約 3 盎司），即使如此，我們的身體每天都會產生接近一半體重的 ATP。這清楚說明了即使沒有在運動，我們的身體也需要大量 ATP，而究竟 ATP 的用途是什麼呢？

　　毫不意外地，ATP 在運動時會大量產生。運動強度愈高，肌肉就必須生成愈多 ATP，以維持肌肉收縮。事實上，只要肌肉製造 ATP 的速度無法滿足肌肉收縮時所需，身體便會開始感到疲勞。即使在肌肉沒有收縮的時候，身體仍需要 ATP 運作，但在運動時，每一肌細胞內所生產的 ATP 主要就是提供肌肉所用。

　　既然這樣，為什麼我們不直接攝取一些 ATP，讓身體可以能量滿載地運動呢？很可惜地，這個提議聽起來讓人心癢

> 每個肌細胞約含 10 億個 ATP 分子，所有 ATP 分子每 2 分鐘就會被使用並取代。

> 1 莫耳分子的 ATP 包含 1 個腺苷酸群和 3 個無機磷酸根。在無機磷酸根之間有高能量鍵結，裡面儲存了非常多的能量。

> 當一個細胞需要能量時，三磷酸腺苷酵素（ATPase，又稱 ATP 酶）會切斷 1 個磷酸根與 ATP 的鍵結，產生能量供該細胞使用。ATP 便變成 1 莫耳分子的二磷酸腺苷（ADP）和 1 莫耳分子的無機磷酸根。

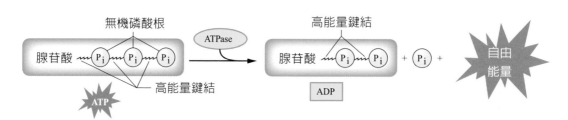

█ 圖 2.1 三磷酸腺苷（ATP）分子。

難耐，但毫無用武之地，因為即使 ATP 已經是相當微小的分子，仍然太大而無法通過細胞膜。這其實是件好事，因為若 ATP 可以通過細胞膜，在運動時細胞內製造的 ATP 將會漏出細胞外，並從細胞手上奪走肌肉收縮所需要的能量。另一個攝取 ATP 的問題是，大部分的 ATP 會在胃部和小腸被消化分解，所以只有零零星星的 ATP 分子會由人體吸收（附帶一提，直接攝取製造 ATP 所需的酵素也會面臨一樣的問題，酵素在通過小腸細胞，被吸收進入血液循環前，會先被分解成組成酵素的小分子胺基酸，而無法完整吸收）。

巨量營養素（即碳水化合物、蛋白質和脂肪）除了會被分解成 ATP，人體也會以其他方式利用巨量營養素。所有巨量營養素在面臨一天基本需求時，一定會由以下其中一種方式消耗：

碳水化合物被分解（氧化）來製造 ATP 能量，以肝醣型態儲存於細胞內，供日後能量所用，或構成其他分子的部分結構（醣蛋白即是一例）。

脂肪（精確的名字為脂肪酸）可在細胞內被分解來製造 ATP 能量，以三酸甘油脂型態儲存於脂肪細胞及其他細胞內，或組成各種細胞結構，通常也是細胞膜的主要成分。

蛋白質（實際上是由胺基酸組成）主要用以形成體內各式各樣的蛋白質，不過在一些生理機轉中，也可以被分解來製造 ATP 能量，或轉化成脂肪酸及葡萄糖。由於蛋白質本身具有珍貴的價值，通常人體機制不會隨意用蛋白質製造能量，或轉變為脂肪酸和葡萄糖。不同於脂肪和葡萄糖，多餘的蛋白質無法儲存於體內，所以人體會設法保護體內所擁有的蛋白質（見圖 2.2）。

身體如何使用 ATP？

- 供應肌肉收縮能量
- 促使營養素通過細胞膜
- 促使鈣離子回到肌肉的肌質網
- 協助神經傳導
- 幫助各細胞內的蛋白質合成
- 協助小腸吸收營養素

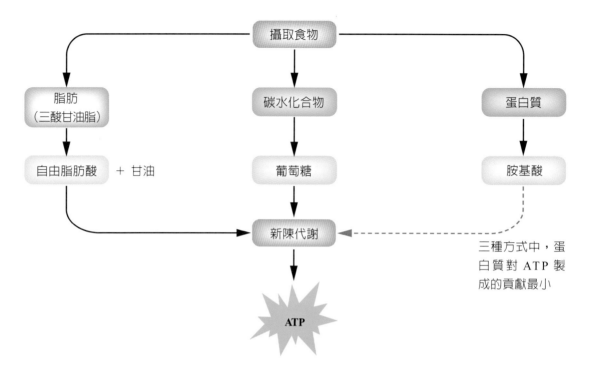

圖 2.2 碳水化合物、蛋白質和脂肪的分解。

營養素如何供應肌肉所需能量？

　　肌肉在維持收縮和執行許多其他同步運作的功能時，會利用肌細胞內的 ATP 來供給能量，而 ATP 的來源有以下三種，這三種都可持續製造 ATP：

　　1. 磷酸肌酸（PCr）的分解

　　2. 碳水化合物（葡萄糖）的分解

　　3. 脂肪（脂肪酸）的分解

　　蛋白質並不是主要的 ATP 來源，這未嘗不是一件好事！因為如果蛋白質被用來製造 ATP，肌細胞會一直分解結構性和收縮性蛋白質來製造 ATP。所幸人體機制相當精妙，因為肌細胞會分解（氧化）碳水化合物和脂肪來製造 ATP，而不會分解蛋白質，讓蛋白質得以執行在細胞內其他的重要功能。

人體內含有 20 萬種蛋白質。

能量系統

　　到此可以知道，肌細胞會透過三種方式（系統）來製造肌肉收縮所需的 ATP（如圖 2.3）。值得一提的是，能量系統製造 ATP 是全天持續，不分時段的。而運動的強度就取決於三種能量系統中，哪一種能量系統在任一特定時段會產生最多的 ATP。

　　舉例來說，在跑道上進行百米短跑這種短時間爆發性運動時，大多數的 ATP 是由磷酸肌酸（PCr）系統製造的，碳水化合物和脂肪被分解後，也會供應 ATP，但相較之下較少量。磷酸肌酸的分解是簡單的反應，只要一個步驟，就可以快速產出 1 個 ATP 分子。然而，磷酸肌酸在肌肉裡的含量相對較少，因此磷酸肌酸系統僅能在磷酸肌酸數量降到一個程度之前，短暫供應 ATP。

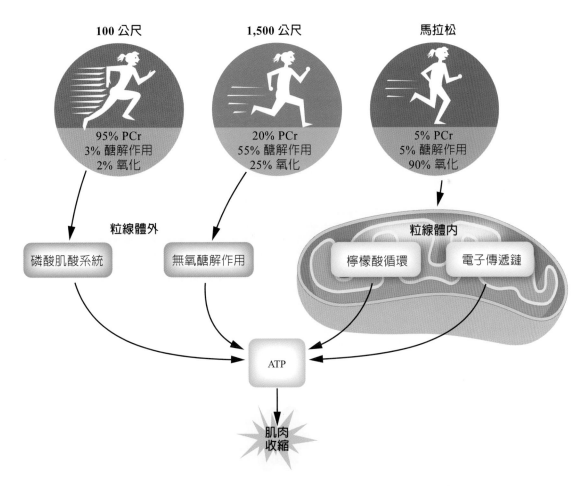

圖 2.3　在肌細胞內，ATP 可以透過磷酸肌酸（PCr）系統、無氧醣解作用、檸檬酸循環（也稱為克式循環或三羧酸〔TCA〕循環）以及電子傳遞鏈（electron transport chain）。這些能量製造系統會同步運作，且會協同合作。

　　無氧醣解作用也可以透過從血液和肌肉的肝醣儲存處分解（氧化）葡萄糖，以快速獲得 ATP（肝醣是一種簡單的葡萄糖儲存模式，可以讓細胞在有需要時就能上場，穩定供應碳水化合物能量）。之所以會稱爲**無氧（anaerobic）**，是因爲過程中不需要氧。醣解作用發生在肌細胞的肌漿（類似細胞內的細胞質）中，這樣產生的 ATP 才能輕易用於肌肉收縮。細胞內肝醣儲藏的地方也在附近。醣解是指將葡萄糖分解爲兩半的一連串反應，可將釋出的能量以 ATP 的形式捕捉。當葡萄糖被分解成兩半時，會變成 2 個丙酮酸鹽分子（也稱爲丙酮酸）。在劇烈運動時，丙酮酸鹽分子可以快速轉化成乳酸酯（乳酸）分子或進入粒線體，藉此幫助 ATP 在檸檬酸循環裡的有氧製程。

　　肌細胞中的許多粒線體內，會進行 ATP 有氧製程。檸檬酸循環（也稱爲克式循環或三羧酸循環）會分解丙酮酸鹽分子，以生成 ATP、二氧化碳（CO_2）和氫離子（H^+）。ATP 從粒線體中釋出後便用於肌肉收縮；二氧化碳從肌細胞內擴散到血流中，運輸到肺臟之後透過每一次呼氣排出體內（本過程將詳述於第 3 章）；氫離子則用於電子傳遞鏈，產生大量 ATP，以及水和熱。肌細胞會在電子傳遞鏈對人體所吸入的氧氣（O_2）進行利用（2 個 H^+ 和 1 個 O 結合形成水，即 H_2O）。完整的葡萄糖氧化則先透過醣解作用，以及隨後的檸檬酸循環和電子傳遞鏈的連結過程，總共可以產生 32 至 33 個 ATP（實際總數則視生產來源是肌細胞中的肝醣或血液中的葡萄糖而定）。

　　肌細胞也會使用脂肪來製造 ATP 能量。脂肪通常以肌肉內三酸甘油脂（intramuscular triglyceride）的型態，少量儲存於肌細胞中，另有大量存於脂肪細胞內。三酸甘油脂會被分解成脂肪酸，而經分解後，脂肪酸可以透過血液運輸到肌肉與其他細胞中，用於製造 ATP。脂肪酸是一長串碳分子，上面附著許多氫分子和一些氧分子。一旦脂肪酸被分解成含有兩個碳的分子，這些小分子便能進入檸檬酸循環，所循的路徑和丙酮酸鹽分子一樣。脂肪酸比葡萄糖和丙酮酸鹽

在 ATP 生成的所有前導過程中，維他命和礦物質的角色舉足輕重。

還大上許多，因此每一個脂肪酸產生的 ATP 能量大約是葡萄糖或丙酮酸鹽的 4 倍。舉例來說，一個棕櫚酸鹽（一種脂肪酸）的分子氧化後，可以形成 129 個 ATP。可惜的是，脂肪酸無法被快速分解。因此，在耐力型運動（以及休息）時，由脂肪生成 ATP 是很重要的來源，但對於短時間、高強度運動而言，這類運動由於需要快速產生 ATP，因此脂肪生成 ATP 的重要性變得較低。然而，脂肪酸仍會在高強度運動中分解，並供應少量的 ATP 來促使肌肉收縮。

人體最重要的燃料──葡萄糖

　　磷酸肌酸的儲存量有限，脂肪酸的氧化速度又慢，但碳水化合物（葡萄糖）可以透過無氧醣解作用和有氧的檸檬酸循環，滿足對於 ATP 的需求，時間超過 10 秒。因此，碳水化合物是肌細胞最重要的燃料。**碳水化合物**（**carbohydrate**）一詞的涵蓋範圍極廣，但其分子都具有相似的特性，從葡萄糖（血糖）、果糖（水果糖）、蔗糖（食用糖）到更複雜的型態（如澱粉和纖維素）都是碳水化合物。

　　葡萄糖屬於**單醣**（**monosaccharide**），是一種結構簡單的糖，人體細胞每分每秒都依賴葡萄糖製造 ATP。事實上，在正常的血液循環下，腦與神經只使用葡萄糖製造 ATP，在血糖過低時便能體會葡萄糖的重要性。圖 2.4 針對葡萄糖和一些其他結構單純的碳水化合物，顯示其構造。

　　兩個單醣會組合成**雙醣**（**disaccharide**），而當結構簡單的糖經過組合，成為比兩個糖還長的一串時，這樣的分子結構稱為**寡醣**（**oligosaccharide**）。在運動飲料和食品最常被應用的寡醣是麥芽糊精，由 3 到 10 個葡萄糖分子組成。雙醣和寡醣可以透過小腸中的消化酵素快速分解，成為本身的單醣組成型態。最後形成的葡萄糖、果糖和半乳糖在通過小腸細胞時會被吸收，釋出至血液中。僅有少數細胞有利用果糖和半乳糖時所需要的酵素，但肝臟可以把這兩種糖轉變成葡萄糖，進而以肝醣型態儲存，或是透過血液運輸，供其他細胞利用。

腦部只能依賴葡萄糖作為能量來源。每一天由大腦消耗掉的葡萄糖約重 130 公克。

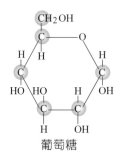

葡萄糖結構簡單，身體會利用這種糖來製造能量。

葡萄糖

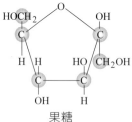

果糖和半乳糖是另外兩種單醣。

果糖

蔗糖是由果糖和葡萄糖鍵結而成的碳水化合物，是砂糖（一種雙醣）的原料。同樣地，乳糖是牛奶所含的糖，由半乳糖和葡萄糖鍵結而成。麥芽糖則是 2 個葡萄糖分子組成。

劇烈運動時，肌肉每分鐘會消耗超過 2 公克的葡萄糖，但在運動過程中，肌肉每分鐘能利用的葡萄糖（來自攝取的碳水化合物），通常只有大約 1 公克多一點而已。

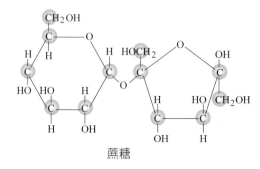

蔗糖

圖 2.4 所有單醣都有著相同的化學組成，即 $C_6H_{12}O_6$，但分子結構卻不同。

　　澱粉和纖維（還有肝醣）都是**多醣（polysaccharide）**，由數千個葡萄糖分子排列成長條分枝狀。從口中酵素發揮作用開始，直到小腸的吸收結束，都是澱粉被分解成葡萄糖的消化過程。過程中的酵素可以將巨大的澱粉分子分解成小塊，再由其他酵素進一步分解成單醣。纖維素一類的纖維會使各葡萄糖分子之間的鍵結無法斷開，因此纖維無法由人體

分解和吸收。有趣的是，很多存在於大腸的細菌卻會攝取纖維，來製造這些細菌自身生存所需的 ATP，而這些細菌的作用則有益人體的整體健康。

　　要記得，不論消化的碳水化合物是什麼型態，最終都會變成葡萄糖，供身體使用（見圖 2.5）。比如說，早餐吃了穀片、烤全麥吐司，並喝了柳橙汁，這些食物裡所含的單醣、雙醣、寡醣和多醣最後都會變成身體內的葡萄糖。碳水化合物要多快才能進入血流，供肌肉和其他組織使用，則部分取決於吃下的正餐或點心從胃離開到小腸的速度（消化和吸收於小腸進行）。當你吃愈多熱量到胃裡，食物到小腸的速度就愈慢。

　　在運動的任何過程中攝取運動飲料、能量果膠和能量棒，都能快速吸收碳水化合物並轉化成葡萄糖，供肌細胞從血流中攝取，以進行新陳代謝製造 ATP。事實上，在高強度運動時，針對在運動過程中從碳水化合物裡消化得來的 ATP，肌肉每分鐘的消耗量超過 1 公克。這項額外的能量可以幫助肌肉的碳水化合物氧化速度維持高檔，提升運動表現。

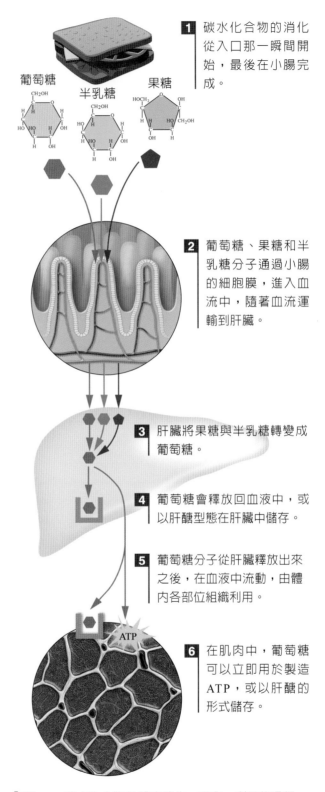

1 碳水化合物的消化從入口那一瞬間開始，最後在小腸完成。

葡萄糖　半乳糖　果糖

2 葡萄糖、果糖和半乳糖分子通過小腸的細胞膜，進入血流中，隨著血流運輸到肝臟。

3 肝臟將果糖與半乳糖轉變成葡萄糖。

4 葡萄糖會釋放回血液中，或以肝醣型態在肝臟中儲存。

5 葡萄糖分子從肝臟釋放出來之後，在血液中流動，由體內各部位組織利用。

6 在肌肉中，葡萄糖可以立即用於製造 ATP，或以肝醣的形式儲存。

▌**圖 2.5**　碳水化合物於體內消化、吸收、利用的過程。

在食物內的脂肪以三酸甘油脂的形式存在，由 3 個脂肪酸連接上 1 個甘油分子，構造很簡單。三酸甘油脂是植物和動物（包括人類）儲藏脂肪的型態。

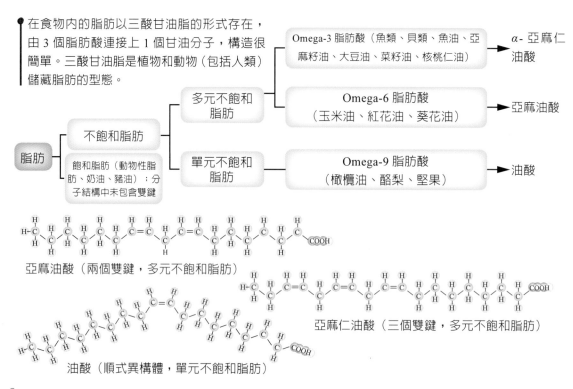

圖 2.6 脂肪酸種類繁多，長度以及氧／氫原子的攜帶數量都有所不同。肌肉則可分解任何脂肪酸以製造 ATP。

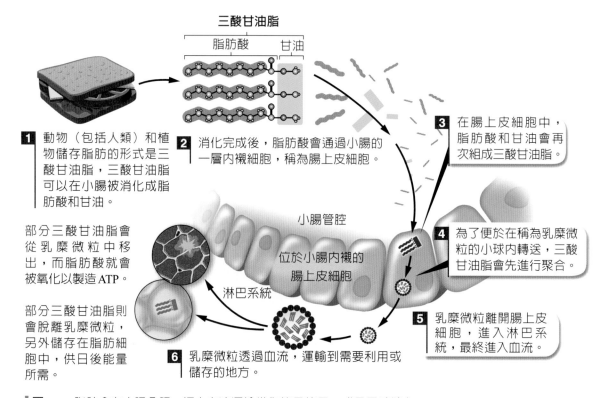

圖 2.7 脂肪會在小腸分解，經由血流運輸當作能量使用，或是另外儲存。

那脂肪和蛋白質呢？

　　飲食要均衡，食物就要夠多樣，也就是說要包含各種碳水化合物、脂肪和蛋白質。圖 2.6 列出一些脂肪種類。脂肪會分解成單一脂肪酸或三酸甘油脂（3 個脂肪酸連結著 1 個甘油分子）。在小腸中的各種酵素，可以分解三酸甘油脂，讓單一脂肪酸被吸收，並透過血流運輸到身體各處細胞（見圖 2.7）。細胞會利用脂肪酸，形成其細胞膜的一部分，作為其他分子的基本構造，或是進行分解，來製造 ATP。

　　含有蛋白質的食物，像是肉類、魚類、乳製品以及豆類，可以藉由胃中酵素和胃酸在胃中消化，而小腸中的酵素最終會將蛋白質分解成許多單一胺基酸。人體所需要的胺基酸有 20 種，其中 9 種需要從食物中攝取，剩餘 11 種可以在需要時自體合成。需要從食物中攝取的 9 種胺基酸被稱為**必需胺基酸（essential amino acids）**（見表 2.1）。當建構和修復肌肉時，這些「必需」胺基酸顧名思義，是不可或缺的。這並不是說胺基酸中，只有必需胺基酸可以建構和修復肌肉，事實上所有胺基酸都可以用來製造蛋白質，但在製造蛋白質時，一定要有必需胺基酸的參與。如果沒有攝取足夠的必需胺基酸，身體就需要利用現有的胺基酸來製造蛋白質，但這其實是應該要避免的。當肌細胞內需要製造 ATP 時，胺基酸是作為人體燃料的下下之選。畢竟，怎麼會有細胞想分解本身的蛋白質去製造 ATP 呢？如果分解蛋白質來製造 ATP，將會削弱細胞的結構和內部功能。這就是為什麼細胞依賴葡萄糖和脂肪酸（而非胺基酸）來製造 ATP。圖 2.8 顯示蛋白質在體內分解的路徑。

表 2.1　必需與非必需胺基酸

必需胺基酸	非必需胺基酸
異白胺酸	丙胺酸
白胺酸	精胺酸
離胺酸	天門冬醯胺
甲硫胺酸	天門冬胺酸
苯丙胺酸	半胱胺酸
蘇胺酸	麩胺酸
色胺酸	麩醯胺酸
纈胺酸	甘胺酸
組胺酸（兒童）*	脯胺酸
	絲胺酸
	酪胺酸
	組胺酸（成人）*

每一細胞內約有 1 億個蛋白質分子，每一細胞至少含有 20,000 種蛋白質。

* 嬰幼兒體內不會合成組胺酸，因此對於成人而言並非必需胺基酸，但對嬰幼兒而言卻是必需胺基酸。

據估計，以一個人平均每公斤體重來說，每天都需要 0.8 公克的蛋白質來維持身體運作。這數值的適用對象還只是體能活動並未特別多的人。對於運動員和每天運動超過一小時的人來說，每日蛋白質需求量會因為肌細胞生長和修復的需求而增加。以從事耐力型運動的運動員而言，每日宜攝取其體重每公斤 1.2 到 1.4 公克的蛋白質（通常表示為公克／公斤／日 [g/kg/day]）。對於從事需要肌力或爆發力的運動員，則更需要 1.2 到 1.7 公克／公斤／日（也就是 0.5 到 0.8 公克／磅／日 [g/lb/day]）的蛋白質。換句話說，體重 100 磅（約 45 公斤）的運動員每天需要攝取 50 到 80 公克的蛋白質，而體重 300 磅（約 136 公斤）的運動員，也只需要 150 到 240 公克的每日蛋白質。具體來講，300 公克的蛋白質大約是 10 盎司，大約和一塊中等大小的牛排蛋白質含量相當。有趣的是，對於均衡飲食的運動員來說，達到建議的蛋白質攝取量並非難事。也就是說，乳清蛋白和胺基酸補給品通常並不需要。然而，對於限制飲食的運動員或飲食習慣不佳的人來說，蛋白質補給品或高蛋白奶昔可以確保在沒有健康風險的狀

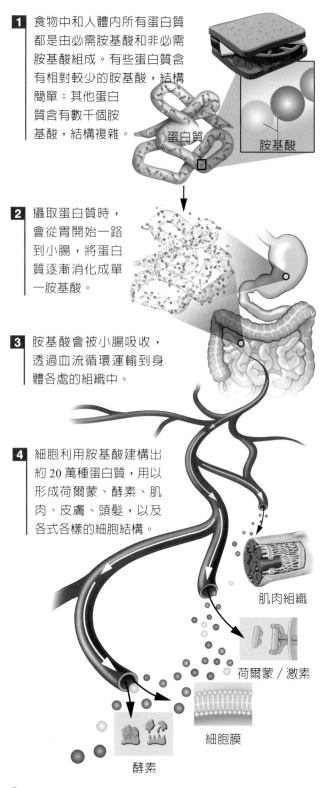

1 食物中和人體內所有蛋白質都是由必需胺基酸和非必需胺基酸組成。有些蛋白質含有相對較少的胺基酸，結構簡單；其他蛋白質含有數千個胺基酸，結構複雜。

蛋白質　　胺基酸

2 攝取蛋白質時，會從胃開始一路到小腸，將蛋白質逐漸消化成單一胺基酸。

3 胺基酸會被小腸吸收，透過血流循環運輸到身體各處的組織中。

4 細胞利用胺基酸建構出約 20 萬種蛋白質，用以形成荷爾蒙、酵素、肌肉、皮膚、頭髮，以及各式各樣的細胞結構。

肌肉組織

荷爾蒙／激素

細胞膜

酵素

圖 2.8 蛋白質在體內分解成所屬的胺基酸，進行多樣性用途。

況下，攝取適當的蛋白質。

　　研究顯示在運動後攝取蛋白質，可以促進肌肉中蛋白質的合成，讓運動員的肌肉得以迅速生長和修復──這並不需要很多的蛋白質，只要 20 公克的優質蛋白質就能最大化肌肉的蛋白質合成效能，這項極具實用價值的研究結果同樣也很有意思。此外，一天中每隔幾個小時就攝取高蛋白點心，則更有助於肌肉合成蛋白質。乳製品似乎對促進肌肉內蛋白質合成特別有效，因爲乳製品的蛋白質本身富含必需胺基酸，尤其是必需胺基酸之一的白胺酸，可以有效促進肌肉的蛋白質合成。牛奶每盎司（約 28 公克）含有 1 公克蛋白質，而巧克力中的糖則能幫助補充碳水化合物，這就是爲什麼許多運動營養學專家會建議運動員，可以在高強度訓練後飲用一大杯巧克力牛奶。

營養素消化路徑圖解

　　圖 2.9 彙整了碳水化合物、脂肪和蛋白質在體內的消化路徑。體內所有細胞皆需要從食物中攝取到碳水化合物、脂肪和蛋白質來獲取 ATP 能量，並修補、置換和新

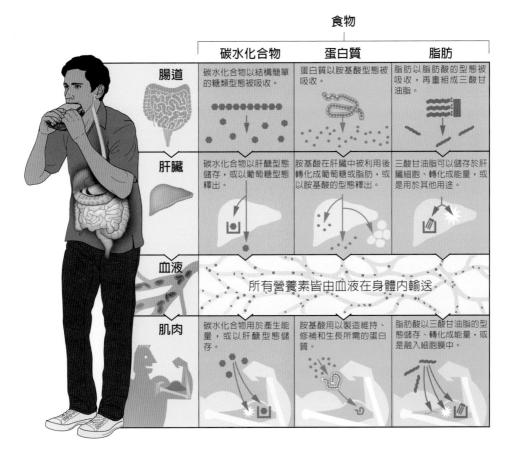

圖 2.9　細胞需要從飲食中分解的三大能量來源進行代謝。當這三大能量轉化成可利用的型態之後，會儲存於身體內，或是進入血液循環中，使血液成爲供給新陳代謝的「能量池」。

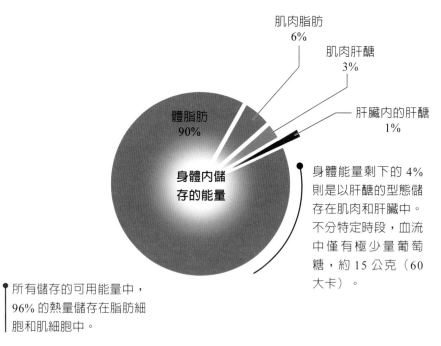

肌肉脂肪
6%

肌肉肝醣
3%

肝臟內的肝醣
1%

體脂肪
90%

身體內儲
存的能量

身體能量剩下的 4%
則是以肝醣的型態儲
存在肌肉和肝臟中。
不分特定時段,血流
中僅有極少量葡萄
糖,約 15 公克（60
大卡）。

所有儲存的可用能量中,
96% 的熱量儲存在脂肪細
胞和肌細胞中。

圖 2.10　從脂肪和碳水化合物來的能量皆由身體儲存於脂肪、肝臟和肌肉的細胞中。

建細胞結構,像是從食物中攝取的胺基酸便會用來製造新的肌肉蛋白質。

　　如先前所述,所有的能量系統都會持續製造 ATP,體能活動的強度會決定以何種能量系統擔任製造 ATP 的主要角色。在一般情況下,身體會儲存大量可用的能量於脂肪、肝臟和肌肉的細胞中。圖 2.10 的圓餅圖說明了儲存在體內的能量種類。

　　不只肌肉中的肝醣可以儲存超過 2,000 大卡的能量,脂肪甚至可以儲存超過 75,000 大卡（以一位約 63.5 公斤〔140 磅〕、體脂肪 12% 的人來說）,所以只要攝取足夠的碳水化合物以維持血糖濃度,身體就可從事低強度運動。馬拉松、鐵人三項以及超耐力賽等時間漫長的耐力型賽事中,脂肪酸可以大量提供所需能量（ATP）,減少對於血液中葡萄糖和肌肉中肝醣的需求。透過攝取運動飲料和富含碳水化合物的點心（如能量棒、能量果膠、蝴蝶餅麵包、水果）以維持血糖,可以確保腦部和神經能從血液中持續獲得葡萄糖支持運作。

　　圖 2.11 簡單顯示各能量系統製造 ATP 的速率差別很大,每一系統可生產的 ATP 量也有一樣的情形。磷酸肌酸（PCr）系統可以快速製造 ATP,但沒辦法生成太多。而與其差別最大的 ATP 製程為脂肪氧化（fat oxidation）,能緩慢但長時間製造 ATP。人體產生 ATP 的方式相當多樣,這讓細胞可以根據所需狀況來生成 ATP。但有一個例外狀況是,當展開高強度運動時,能量系統產生 ATP 的速度不夠快,無法讓肌肉收縮,這種情況會在第 4 章討論。表 2.2 總結了各種 ATP 系統的特性。

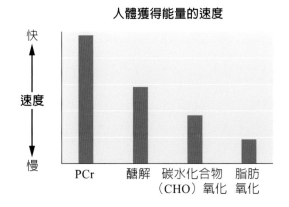

人體獲得能量的速度

速度

快

慢

PCr　醣解　碳水化合物　脂肪
　　　　　（CHO）氧化
　　　　　　　氧化

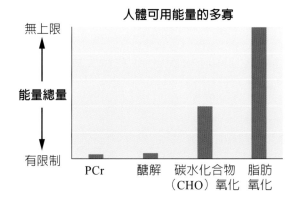

人體可用能量的多寡

能量總量

無上限

有限制

PCr　醣解　碳水化合物　脂肪
　　　　　（CHO）氧化
　　　　　　　氧化

▌**圖 2.11**　觀察能量製造的速率與可生成的總量，會發現兩者變化呈反比。

資料來源：Adapted from Kenney, Wilmore, and Costill 2015, *Physiology of sport and exercise*, 6th ed. (Champaign, IL: Human Kinetics), 68.

膳食補給品和能量

　　能量飲料和類似的補給品蔚為熱門，因為多多益善，能於一天各種時段獲取能量，是相當吸引人的概念（尤其是訓練或比賽上）。大多數能量飲料和補給品所含的能量形式為碳水化合物，但也包含份量不一的咖啡因（一種中樞神經興奮劑）或其他含有刺激效果的成分，諸如辛弗林（Synephrine）、瓜拿納（guarana）、育亨賓（yohimbe）和綠茶萃取物。攝取咖啡因可以保持清醒和集中注意力，並改善耐力表現。能量飲料通常每 16 盎司（約 475 毫升）會含有 160 到 260 毫克的咖啡因。相較之下，16 盎司的咖啡則包含 200 到 300 毫克的咖啡因，可樂則每 16 盎司所含的咖啡因大約是 70 到 120 毫克。綜觀各項飲食，能量飲料在適當攝取下是安全無虞的。舉例來說，對於常喝能量飲料的運動員／學員，只要在訓練或比賽前 45 到 60 分鐘飲用一杯 16 盎司的運動飲料，就可以提供足夠的咖啡因來增加表現。除了運動飲料中的咖啡因和碳水化合物之外，沒有任何科學證據顯示其他常見成分（如牛磺酸或葡萄糖醛酸內脂）可以對身體提供任何可觀察到的效益。

表 2.2　各大能量供應系統的特性

能量系統	是否需要氧氣？	整體化學反應	每秒的 ATP 生成相對速率	基質的每一分子所形成的 ATP 數量	持續時間
ATP-PCr	否	磷酸肌酸（PCr）分解為肌酸（Cr）	10	1	< 15 秒
醣解作用	否	葡萄糖或肝醣分解成乳酸	5	2-3	約 1 分鐘
碳水化合物氧化	是	葡萄糖或肝醣分解成 CO_2 和 H_2O	2.5	36-39	約 90 分鐘
脂肪氧化	是	FFA（游離脂肪酸）或三酸甘油脂分解成 CO_2 和 H_2O	1.5	> 100	數日

資料來源：Courtesy of Dr. Martin Gibala, McMaster University, Hamilton, Ontario, Canada.

　　經常性的體能運動可以促進肌肉針對 ATP 製程，增加用於製程的訊息傳遞路徑（signaling pathway）、酵素和粒線體，因此經常運動可使肌肉更能利用碳水化合物和脂肪來製造 ATP。適當飲食包括運動前、中、後補水，提供所有細胞需要的巨量營養素和微量營養素，細胞可利用這些養分來生成 ATP，完成所需的細胞運作、修補和生長。

維他命和礦物質的角色

　　維他命是身體無法自行製造的必需營養素，不只能量製造，各種新陳代謝也需要維他命的參與。因此毫無疑問地，人體每天必須攝取維他命，以確保所有細胞獲取代謝所需物質，包括能量代謝，還有各種新陳代謝。不過即使身體內有接近一萬兆個細胞，每個細胞僅需要微量的維他命，就能有效率地運作。若攝取超過細胞可以利用的維他命，就像一個工地裡面放太多把榔頭，工人根本也用不完，因此維他命可說多食無益。

　　有些維他命可以溶於水中，其他則能溶於脂肪。這項差異很重要，因為脂溶性維他命（A、D、E、K）的儲存和利用場所為肝臟和脂肪；而水溶性維他命（B 群、C）則是在肌肉或其他細胞內的含水（watery）環境中被利用。所有維他命都需要少量來供應細胞運作，以支持身體功能。圖 2.12 針對維他命和礦物質，概述其部分功能。

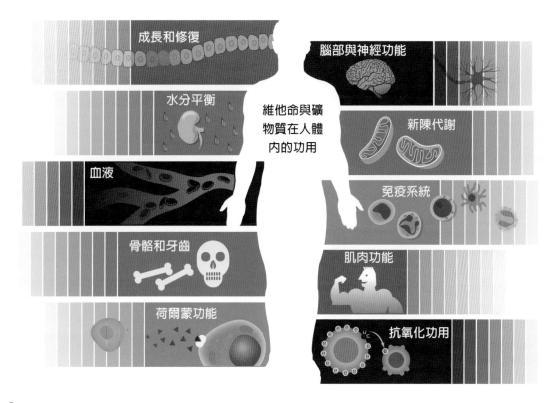

▌圖 2.12　部分維他命和礦物質在體內的功用。

　　維他命在能量代謝中扮演重要的角色，尤其是維他命 B
群。這是因為在各種酵素反應階段中，B 群於分解葡萄糖和
脂肪酸時扮演輔助因子。要是每個肌細胞都有足夠的維他命
擔任輔助因子，身體就不得不透過尿液將多餘的維他命排出
體外。因為酵素就如體內其他蛋白質一樣，會不斷被分解和
取代，所以人體每天都必須攝取少量的維他命，以充足供應
細胞所需。表 2.3 列出了重要維他命和礦物質的每日建議攝
取量，只要日常均衡飲食，就很容易達成。然而，就跟蛋白
質的需求一樣，如果運動員飲食習慣不佳，或正在限制飲
食，那麼低劑量的綜合性維他命和礦物質補給品，會是一項
低花費、低風險的方式，能協助確保適當攝取這些營養素。

　　談到礦物質，就跟維他命一樣，身體每天都需要少量的
礦物質，因為礦物質會從尿液和汗水中流失，需要從飲食中
補充。礦物質在身體中扮演多樣化的角色（圖 2.12），有些
礦物質會參與 ATP 的製造，其餘礦物質則會用於神經訊息

有些酵素每秒運作的
功能可達上千種。

傳遞、骨骼建構、紅血球生成和其他身體運作。雖然所有細胞都需要礦物質,日常需求量其實並不大,尤其沒有從事體能活動的話,只要透過均衡飲食便很容易達到。表 2.3 列出礦物質的一般攝取指南,但由於礦物質利用和流失的情形極多,因此需要從食物中攝取多少礦物質總量,情況也有很大差異。當你流汗的時候,礦物質的流失就會增加,因為汗水就含有像是鈉、氯化物、鉀、鈣和鎂這些礦物質(礦物質也被視為電解質,因為每個礦物質都會具有正或負電荷)。一些運動員每天流失的汗水可以超過 8 公升,所以每日流失的礦物質也相對高。一般來說,攝食足夠的食物能量(熱量)得以供應超過充足數量的礦物質,以補充汗水中流失的量,因此礦物質的缺乏相當少見。有一個可能的例外是女性運動員的鈣質需求。因為許多女性未能補足高鈣食物,來達到日常鈣質攝取的建議量(1,000 到 1,300 毫克),而鈣質又會從汗水中流失,因此應教導女性運動員每日攝取足量鈣質。

表 2.3　維他命與礦物質的建議攝取量

維他命	成人日常飲食中的建議攝取量 / 足夠攝取量	礦物質	成人日常飲食中的建議攝取量 / 足夠攝取量
A	女性:700 微克 男性:900 微克	鈣	1,300 毫克
B₁(硫胺素)	女性:1.1 毫克 男性:1.2 毫克	氯化物	2,300 毫克
B₂(核黃素)	女性:1.1 毫克 男性:1.3 毫克	銅	0.9 毫克
B₃(菸鹼酸)	35 毫克	氟	女性:3 毫克 男性:4 毫克
B₆(吡哆醇)	1.3 毫克	碘	0.15 毫克
B₁₂(鈷胺素)	2.4 微克	鐵	18 毫克
C(抗壞血酸)	女性:75 毫克 男性:90 毫克	鎂	420 毫克
D(膽鈣化醇)	600 IU(國際單位)	錳	2.3 毫克
E(生育酚)	15 毫克	鉬	0.045 毫克
K(葉醌)	女性:90 微克 男性:120 微克	磷	700 毫克
生物素	30 微克	鉀	4,700 毫克
葉酸	400 微克	硒	0.055 毫克
泛酸	5 毫克	鈉	1,500 毫克
		鋅	1 毫克

水也是營養素

　　對於從事體能活動的人來說，水是最重要的營養素。水不只是人體內生理機制上用量最多的分子，也是每天流失最多的營養素。就算一天沒有流一滴汗，還是必須攝取至少 2 公升的水分。事實上，美國國家科學院醫學研究所（U.S. Institute of Medicine）建議女性應每日攝取 2.7 公升的水分，男性則要有 3.7 公升，這些數值大略估計了美國成年人每天應該要攝取的水分總量。然而，對於流汗的人來說，需水量可能更高得多。舉例來說，大多數人在運動時每小時會流出 500 到 1,000 毫升（約 16 到 32 盎司）的汗。女性若從事高強度體能活動 2 小時，流了 1.5 公升的汗，當日就需要補充超過 4 公升的液體。這個數量真的非常可觀！大約 65% 的體重是長期存在於體內的水分（當體脂肪增加時，水含量就會減少），光是這個數值，就簡單說明了水分對於身體功能運作的重要性（見圖 2.13）。

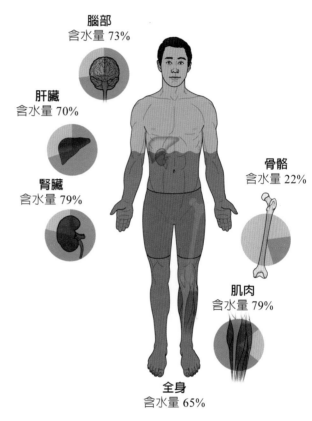

腦部
含水量 73%

肝臟
含水量 70%

腎臟
含水量 79%

骨骼
含水量 22%

肌肉
含水量 79%

全身
含水量 65%

圖 2.13　人體有 65% 的重量是水，不過有些組織內含有更高比例的水分。

水分補充指南

女性
2.7 公升 = 90 盎司（每日）
20% 來自食物 = 18 盎司（約 0.5 公升）
80% 來自飲料 = 72 盎司（約 2.2 公升）
每餐至少攝取 16 盎司（約 0.5 公升）
餐間至少攝取 8 盎司（約 0.24 公升）
流汗就喝水

男性
3.7 公升 = 125 盎司（每日）
20% 來自食物 = 25 盎司（約 0.7 公升）
80% 來自飲料 = 100 盎司（約 3.0 公升）
每餐至少攝取 24 盎司（約 0.71 公升）
餐間至少攝取 10 盎司（約 0.3 公升）
流汗就喝水

　　人體的水分／液體調節機制會針對體內含水狀況，在休息時維持適量，所以當一天結束時，體內的含水量會跟一天開始時一樣。這並不是簡單的任務，因為水分會持續流失，但人通常只會在幾個特定時候喝水。腎臟會不斷製造尿液，皮膚會一直流失少量的水分，每一次的呼吸也會排出肺臟中的水分子；這三種管道總共會流失約 2.7 到 3.7 公升的液體，相當於每日的水分攝取量。如果一餐中有攝取蔬菜水果，就可以從食物中獲得 20% 的日常液體攝取需求量，而剩下的 80% 則需要透過飲水來補充，幾乎所有飲料都能滿足每日水分所需（酒精類飲品例外）。我們的日常生活中容易取得水、牛奶、果汁、咖啡、茶、無酒精飲料、風味水和運動飲料，因此保持水分充足應非難事。話雖這麼說，脫水的發生仍然是家常便飯，在從事體能活動的人身上更是如此。這是因為口渴機制有保護作用，免於人體嚴重脫水，若是輕微缺水，不會啟動這樣的保護機制。所幸，用餐時或在會議、宴會等其他場合中，人多半會補水，因為即使沒有口渴，也會自己攝取水分。

　　即使是輕微的缺水，也會損害各類生理反應，以及體能甚至心理表現。因此，與其缺水，保持身體在水分充足的狀況才是最理想的。而最好的建議便是在體能活動時飲用充足液體（水或運動飲料），將體重流失降至最低限度。運動中體重下降，幾乎都是因為汗水流失，所以充分補水避免體重減少，可以讓身體維持在水分足夠的狀態，並維持血量。脫水時血量會降低，減少血液流動到肌肉和皮膚（以散發熱量），並造成其他生理上的不良反應。最簡單的解決方式就是補夠水分，維持水分充足（可將體重流失降至最低限度）。這就是為什麼固定於運動前後量體重很重要，因為可以了解飲水量是否有配合汗水的流失速率。

休息時，水分也會持續從體內流失

- 腎臟無時無刻在製造尿液
- 水分子會持續從皮膚少量滲出
- 每一次呼氣，都充滿水分子
- 每天排便時也會帶走數盎司水分（1 盎司約 28 公克）

脫水引起的不良反應

- 血量減少
- 心搏量減少
- 心跳率增加
- 心輸出量減少
- 肌肉血流量減少
- 皮膚血流量減少
- 血漿滲透壓增加
- 出汗速率減緩
- 體溫增加
- 注意力和集中力下降
- 耐力型運動表現下降

　　每日需水量不只每個人都不同，且幅度甚大，即使是同一個人在不同天也會有所變化。一個身材矮小的人如果生活型態偏向久坐於涼爽的環境中，所需水分會較少；而體型較大的人如果有從事體能活動，並住在溫熱環境中，那麼所需水分就相對較多。而在沒有運動的日子，需要攝取的水分會比有運動的日子還少。人體主要會依據口渴的感覺和腎臟的功能運作，來調節水分的攝取。如果飲用太多液體，口渴的感覺會消失，而腎臟就會製造更多尿液；攝取的液體太少時，口渴感覺會增加，而腎臟生成的尿液量就會變少。

　　每日所攝取的液體大多數來自飲料，也有一小部分源自食物（約20%）。根據美國國家科學院醫學研究所估計，成年男性每天應該攝取 125 盎司（3.7 公升）的水（約 3.0 公升來自飲料，約 0.7 公升來自食物），至於成年女性的需水量較低，每天需要 90 盎司（約 2.7 公升，其中約 2.2 公升來自飲料，約 0.5 公升來自食物）。不過這些數值只估算了多數成年人的日常所需。運動員、工人、軍人等職業較會流汗，日常水分所需更多，可能超出一般人的需水量。事實上，有些人流汗量大，可能每天必須喝至少 2 加侖（7.5 公升）的水。

　　當汗水大量流失的時候，像是在超級馬拉松、鐵人三項，或是一天內進行兩份訓練菜單的練習），大量的鈉離子會從身體中流失。在這種狀況下，飲用大量白開水會造成血液中的鈉離子濃度下降，低於正常值，形成所謂的低血鈉症。當休息時一口氣喝下大量的水也會有這種症狀。因為當你喝得太快，腎臟來不及生成尿液，稀釋了血液中的鈉離子濃度。通常這並不是問題，因為血液中的鈉離子濃度會漸漸恢復正常，但當鈉離子的濃度降太低時，會引發腦水腫，可能導致痙攣、昏迷，以及死亡。和運動相關的低血鈉症並不常見，但所有運動健康專業人士都應該未雨綢繆，針對從事體能活動者，教導攝取足夠水分，將體重流失降至最低限度，但也要注意避免喝太多水。

第 3 章

肌肉也要呼吸氧氣

有氧運動需要氧氣，氧氣透過心臟、肺臟、血液和血管的精密機制來運送。

氧氣是地球上第三多的元素（最多是氫氣，氦氣次之）。事實上，氧氣構成了大多數的身體質量，因為人體內含量最多的是水（H_2O），而且氧氣也是體內蛋白質、脂肪、碳水化合物和其他許多分子的一部分。

人體需要氧氣來持續製造三磷酸腺苷（ATP）分子，ATP 分子對於許多細胞功能運作十分重要，這些功能包括肌細胞的收縮。光合作用是植物用以製造 ATP 的方式，而氧氣是光合作用的副產品，空氣中的氧氣會持續由植物光合作用所釋出的氧氣所補充。

人呼吸的空氣有 21% 的氧氣（O_2），精確來說是 20.93%。剩下的則是氮氣（N_2，占 76%）和微量的二氧化碳（CO_2，占 0.04%）。海平面的大氣壓力能確保肺臟於每次呼吸時，輕鬆獲得足夠的氧分子（尤其是在休息時）。在高海拔地帶時，空氣中氧氣的分壓較低，限制運送到肌肉的氧氣量，因此會降低耐力性運動表現。在聖母峰上，大氣壓力僅有海平面高度的 33%，氧分子分散，即使休息時也難以吸足氧氣。聖母峰上的氧氣比例也是 21%，但大氣壓力卻低很多，因為在 29,029 英尺（8,848 公尺）的高度，空氣會變得相當稀薄，難以產生氣壓。因此，即使休息時新陳代謝的需求低，呼吸仍會變得非常急促，才能將足夠的氧氣吸入到肺臟。這也說明了為什麼在極高海拔處，多數登山家會需要氧氣瓶。

氧氣如何運送到肌肉？

　　人體內機制建構完備，可針對吸入的空氣，取出氧氣部分，將氧氣運送到肌細胞在內的體內所有細胞。這個過程在概念上非常簡單，但箇中道理卻很複雜。

　　肺臟會讓吸氣中攝取的氧氣通過肺臟深處的細薄細胞膜，進入血液循環中。同時，肌肉和其他細胞製造二氧化碳後，二氧化碳會從血液中穿過肺細胞膜，再藉由呼氣排出體外。圖 3.1 描繪了氣體交換的過程。

　　一些吸氣中攝入的氧氣通過肺臟進入血液循環中。同時，二氧化碳從血液中進入肺臟再排出體外。氧氣（O_2）與二氧化碳（CO_2）兩種氣體的移動，主要是依據其濃度和擴散係數。擴散係數是一種比例，取決於物質通過細胞膜（如肺泡內襯）的速度。舉例來說，在通過肺的血流中，即使二氧化碳的濃度較低，二氧化碳仍可從血流

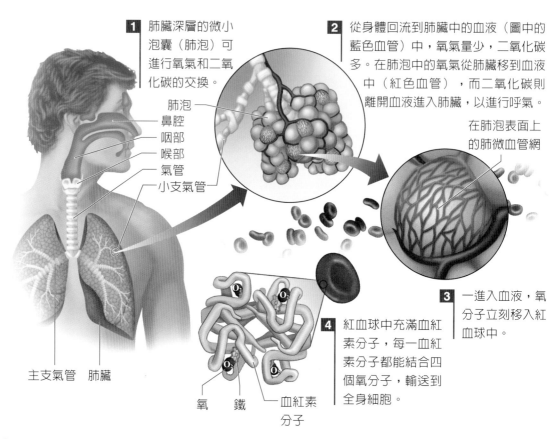

1 肺臟深層的微小泡囊（肺泡）可進行氧氣和二氧化碳的交換。

2 從身體回流到肺臟中的血液（圖中的藍色血管）中，氧氣量少，二氧化碳多。在肺泡中的氧氣從肺臟移到血液中（紅色血管），而二氧化碳則離開血液進入肺臟，以進行呼氣。

在肺泡表面上的肺微血管網

肺泡
鼻腔
咽部
喉部
氣管
小支氣管

3 一進入血液，氧分子立刻移入紅血球中。

4 紅血球中充滿血紅素分子，每一血紅素分子都能結合四個氧分子，輸送到全身細胞。

主支氣管　　肺臟

氧　　　　鐵　　　血紅素分子

圖 3.1 　氧氣和二氧化碳在肺中的交換過程。氧氣會被血液中的血紅素帶走，鐵是血紅素分子中的重要成分。

輕易進入肺臟，這是因為二氧化碳的擴散係數高，比氧氣高 20 倍。

　　當含氧血到達肌細胞時，氧氣和血紅素分子之間的鍵結會鬆開。紅血球一列列通過肌細胞周圍的微血管薄壁後（圖 3.2），血紅素就會放掉氧分子，讓氧分子滲入肌細胞內。而肌細胞製造的二氧化碳滲透進血液，不會以 CO_2 分子形式，而是以碳酸氫根離子（HCO_3^-）的形式進行，到了肺部，再轉化為二氧化碳分子排出。

　　進入肌細胞後，氧氣將會跟**肌紅蛋白**（**myoglobin**，為一種類似血紅素的蛋白質，可以讓肌細胞儲存少量的氧氣）鍵結，或進入粒線體，於電子傳送鏈中利用，以接收碳水化合物和脂肪氧化所製造的氫離子（H^+）。在與氧氣鍵結成水（H_2O）之前，氫離子會於電子傳送鏈中用於製造 ATP。碳水化合物和脂肪完全氧化後，最終會產生 ATP、H_2O、CO_2 還有熱能。

氧氣對生存非常重要，即使是較低階的細胞層級，體內所有的有核細胞都能感測到氧氣。

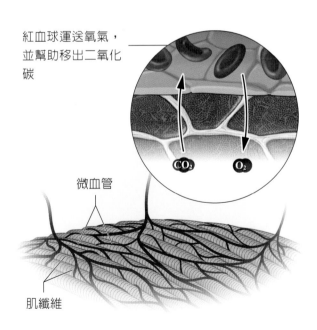

紅血球運送氧氣，並幫助移出二氧化碳

CO_2　　O_2

微血管

肌纖維

圖 3.2　細小微血管支持著肌細胞，除了運送氧氣和營養素，也會將二氧化碳和乳酸等廢物帶走。

碳水化合物和脂肪經過氧化用來製造 ATP 的過程又被稱為**內呼吸**（**internal respiration**），因為過程發生在細胞內部；氧氣從肺部運送到細胞的過程，則稱為**外呼吸**（**external respiration**）。

當有氧體適能提高後，運送含氧血到活動中骨骼肌細胞的能力就會增加，這種能力增加的證據就是最大耗氧量（$\dot{V}O_{2max}$）的提升。$\dot{V}O_{2max}$ 是一種需要在實驗室中測試的數據，測試過程中會讓受試者運動，並持續增加運動負荷量，直到筋疲力竭（更詳細的內容將於後續討論）。有氧體適能進步時，肺功能不一定會隨之大幅提升，但心臟功能則會，而最重要的改變就是**心輸出量**（**cardiac output**）的提升，也就是說，心臟每分鐘可以輸出更多血液。有氧體適能的提升也促成血流量的增加，以支持更多的心輸出量。此外，肌細胞利用氧氣的能力也會提升，所有這些改變和 $\dot{V}O_{2max}$ 的提升都能促進有氧運動表現的提升。圖 3.3 顯示肺臟、心臟、血液和血管如何共同運作輸氧，並從細胞中帶走二氧化碳。

鐵在氧氣輸送中扮演的角色

即使人體中鐵的含量僅有 3 到 4 公克，這少少的數量卻肩負各式各樣的重責大任。每一血紅素分子裡面的鐵會和氧鍵結，以進行輸送，事實上，血液的顏色有部分就是因為鐵分子才呈現紅色。肌細胞內的肌紅蛋白也含有鐵分子，在氧分子從紅血球到粒線體這段短暫路程，肌紅蛋白扮演著中繼站角色。此外，在許多酵素的功能發揮上，鐵分子扮演的角色也舉足輕重。

鐵是每日需攝取少量的礦物質（每天需 8 毫克）。紅肉、豆類、魚類還有葉菜類都是鐵質的優良來源。有些女性運動員因為月經時鐵質流失，飲食攝取的鐵又過少，會導致鐵質缺乏。如果缺鐵過於嚴重，就會有貧血（血紅素異常低）的症狀。相較於男性，缺鐵和貧血的狀況在女性中常見得多。

判定鐵質營養狀況時，測量血中含鐵量並不實用，但仍有測血漿鐵蛋白（鐵質的儲存形式）等其他測量方式，可用以判定是否有缺鐵。如果鐵質儲存量太低，骨髓就難以維持正常的血紅素生成，可能造成缺鐵型貧血。對運動員來說，也可能發生缺鐵但未貧血的情形，有人估計大約有 20% 到 25% 的女性運動員有鐵質缺乏（血漿鐵蛋白少於正常標準）的情形。鐵質缺乏究竟會不會對運動表現有不良影響，尚未有定論，但缺鐵並不正常，這點無庸置疑。缺鐵者應調整飲食，並考慮每天服用補鐵保健品來改善。

資料來源：Rowland, T. (2012). Iron deficiency in athletes. *American Journal of Lifestyle Medicine, 6*(4): 319-327.

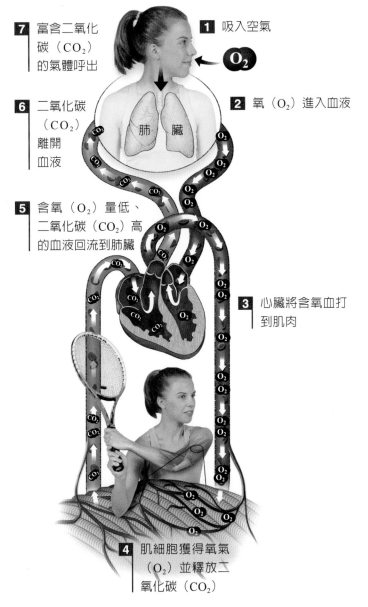

7 富含二氧化碳（CO_2）的氣體呼出

1 吸入空氣

6 二氧化碳（CO_2）離開血液

2 氧（O_2）進入血液

肺　臟

5 含氧（O_2）量低、二氧化碳（CO_2）高的血液回流到肺臟

3 心臟將含氧血打到肌肉

4 肌細胞獲得氧氣（O_2）並釋放二氧化碳（CO_2）

人體其實有兩具泵浦，用於驅動血液流入和流出心臟。想當然爾，其中一具就是心臟本身，而骨骼肌的收縮則形同第二具泵浦，可確保血液被推回心臟。

圖 3.3　所有運動都需要有氧製程的 ATP。心臟、肺臟、血液和血管共同運作，運送氧氣，並帶走二氧化碳。

氧氣如何用於體適能和能量消耗？

　　身體利用氧氣的心肺能力是健康和體適能的指標。頂尖的耐力型運動員擁有極為出色的氧氣利用能力，這也反映在他們極高的最大耗氧量（$\dot{V}O_{2max}$）數值上。體適能極差的人則恰恰相反，其 $\dot{V}O_{2max}$ 相當低。

　　氧氣消耗測試用於判定一個人每分鐘會消耗多少氧氣量。無論是休息或是從事何種類型、強度或時間長度的運動，都可以測量耗氧量。不只**最大（maximal）**耗氧量可以作為有氧體適能的指標，科學家也能透過活動中的氧氣消耗測試，來計算該活動的**能量消耗（energy cost，**即卡路里消耗量），這也是為什麼氧氣消耗測試也被稱為**間接熱量測定法（indirect calorimetry）**。能量消耗的英文（**energy cost 或 energy expenditure**）以「**仟卡」（kilocalories）**為單位，通常簡稱「大卡」（Calories）。對一個 154 磅（70 公斤）的人來說，以每小時 7.5 英里的速度跑步，每分鐘的能量消耗大約是 14 大卡，可由氧氣消耗測試判定。

休息和運動時的代謝率

　　你可能聽過有人說：「她身材精實，代謝率一定很高。」**代謝率（metabolic rate）**簡單來說，就是身體應用能量的速率。換句話說，代謝率、能量消耗量和耗氧量可視為相同的概念。你也會聽到其他名詞，像是**靜態代謝率（resting metabolic rate，RMR）**和**基礎代謝率（basal metabolic rate，BMR）**指的是休息狀態的能量消耗量。RMR 和 BMR 的測量方法有點不同，但是所得數據大同小異。在這兩項數據中，耗氧量的測量結果可用來估算休息時的能量消耗量。

　　舉例來說，下面針對一位體重 128 磅（58 公斤）、體脂肪 24% 的女性，探討其BMR。這種體型和身體組成的人，休息時每分鐘可能會消耗掉 250 毫升（0.25 公升）的氧氣。一天有 1,440 分鐘，所以耗氧量會是每分鐘 0.25 公升乘以每天 1,440 分鐘，等於每天消耗 360 公升的氧氣。360 公升的氧氣代表多少大卡？要成功轉換，必須了解消耗每公升的氧氣等於消耗 4.8 大卡（以前述條件而言），如此一來，計算就容易多了。該名女性的 BMR 就是每天 360 公升氧氣乘以每公升氧氣消耗的 4.8 大卡，求出每天為 1,728 大卡。現在你知道了，這位女性需要攝取多少卡路里以維持她目前的體重，如果有從事體能活動，其每天活動的能量消耗量就會加到 BMR 中，以估算總共需要多少能量（熱量）。

耗氧量的英文縮寫是 $\dot{V}O_2$，在身體需要更多氧氣以應付代謝所需時，耗氧量就會增加。而毫無意外地，和任何型態的體能活動相比，休息時耗氧量會比較低。休息時的耗氧量主要取決於人的體型（尤其是除去脂肪後的身體體重以及身體表面積）。換句話說，因爲身型龐大的人有較多的細胞，需要較多氧氣來維持功能運作，所以他們在休息時的耗氧量，會比身型嬌小的人還要多。一旦開始活動，活動強度愈高，耗氧量就愈高。而當心跳得愈快，耗氧量想必也會愈高，這是因爲心臟正以有效率的方式推動含氧血到活動中的組織。

你可能也聽過一個術語，稱爲**訓練代謝當量**（**metabolic equivalent of training，MET**）。MET 用來表示運動強度等級。1 MET 大約等於靜靜坐著時的能量（氧氣）消耗量，也就是每公斤體重每小時 1 大卡（1 大卡／公斤／小時，約合 3.5 毫升 O_2／公斤／分鐘）。換句話說，一個活動若需要的代謝當量爲 5 MET，即等於需要靜靜坐著時所耗能量的 5 倍（關於爲什麼 RMR 可以從 1.0 大卡／公斤／小時的值轉換成 1 MET，可以參見本頁下半部的延伸探討「影響靜態代謝率的因素」）。

影響靜態代謝率的因素

日常能量（熱量）消耗的最大部分，就是休息時代謝所需的能量供給。也就是說，如果整天只是躺在床上，體內的所有細胞依然會分解葡萄糖和脂肪酸，以製造 ATP 供應每個細胞在休息時的能量所需。體型高大的人通常比較矮小的人需要較多的能量，所以靜態代謝率（RMR）也自然而然比體型較小的人還高。

許多研究指出，成年男子的 RMR 是 0.892 大卡／公斤／小時，而女性則是 0.839 大卡／公斤／小時。要注意，這些數值只是參考自許多研究的推斷，儘管有憑有據，不過在諸多因素中，還是只考量到體重而已。除此之外，研究也發現 RMR 會隨著年齡而下降，因為肌肉量會隨著年齡減少，脂肪量則會增加，且肝腎等器官的代謝率逐漸下降。相較於體重正常的人，過重或是肥胖者的 RMR 也較低。比如說，正常體重的女性 RMR 是 0.926 大卡／公斤／小時，相較之下，肥胖女性的 RMR 是 0.721 大卡／公斤／小時；同樣項目在體重正常的男性與肥胖男性則分別為 0.960 和 0.791。由於脂肪是一種代謝率低的組織，而肌肉相較之下有較高的靜態代謝率。單就此原因而言，增肌減脂可以提升 RMR。

前述理論的用意在於：隨著年齡增長，若要維持高 RMR，絕大部分取決於維持肌肉量，同時要保持體脂肪於正常值的範圍內。所幸，透過經常從事體能活動，這兩項目標都是可以達成的。

資料來源：McMurray, R.G., et al. (2014). Examining variations of resting metabolic rate of adults. *Medicine and Science in Sports and Exercise, 46*(7): 1352-1358.

最大耗氧量（$\dot{V}O_{2max}$）以及所代表的意義

最大耗氧量（$\dot{V}O_{2max}$）是身體使用氧氣能力的最大程度，可測量一個人每公斤體重在每分鐘會消耗多少毫升的氧氣：狀況非常差的人可能少於 20 毫升 / 公斤 / 分鐘，頂尖的耐力型運動員可以超過 70 毫升 / 公斤 / 分鐘。在進行最大運動測試時，當運動強度增加，受試者的氧氣使用量卻沒有隨之增加時，此時所展現的耗氧量就是 $\dot{V}O_{2max}$。當有氧體適能提升，肌肉會增加本身利用氧氣的能力，這個變化可讓人從事強度更高的運動而不會疲勞。圖 3.4 可以看出透過訓練，$\dot{V}O_{2max}$ 從 44 毫升 / 公斤 / 分鐘上升到 57 毫升 / 公斤 / 分鐘，增加了 30%。如此幅度的 $\dot{V}O_{2max}$ 進步通常見於接受了一年的適當訓練之後。

經過一年左右的訓練後，$\dot{V}O_{2max}$ 的表現會達到一個穩定高峰，不會再增加。然而，由於訓練可提高 $\dot{V}O_{2max}$ 的運用比例，因此可持續提升耐力型運動的表現。想像一位跑者原本可以用 $\dot{V}O_{2max}$ 的 80% 跑 1 個小時，在適當訓練之後，可以用 $\dot{V}O_{2max}$ 的 86% 跑 1 個小時，這樣就可以用較快的速度運動，即使 $\dot{V}O_{2max}$ 總量並沒有增加。

毫無疑問地，體適能出色的人，$\dot{V}O_{2max}$ 值也會高出平均，但是只憑 $\dot{V}O_{2max}$ 無法完整預測耐力型運動表現。正如前段舉例，可以長時間持續維持 $\dot{V}O_{2max}$ 的運用比例，對運動表現也相當重要。運動中身體投入和付出的程度所反映的值，通常稱為**乳酸閾值（lactate threshold）**，也稱為**無氧閾值（anaerobic threshold）**或**換氣閾值（ventilatory threshold）**。乳酸閾值的概念很簡單，指的是在血液中還沒有任何乳酸堆積前，人體所能維持的最高運動強度。即使沒有透過實驗室測量來求出 $\dot{V}O_{2max}$ 和乳酸閾值，經驗老道的運動員仍然可以

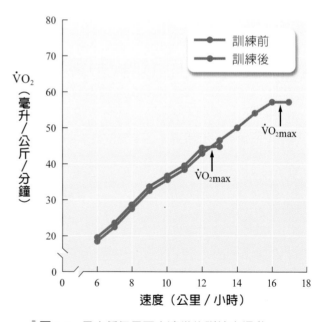

圖 3.4 最大耗氧量可由適當的訓練來提升。

資料來源：Reprint, by permission, from W.L. Kenney, J.H. Wilmore, and D.L. Costill, 2015, *Physiology of sport and exercise*, 6th ed. (Champaign, IL: Human Kinetics), 263.

知道自己能承受的運動強度有多高，並且會在無法支持下去前降低強度。

　　最大耗氧量的測量需要特殊設備以及有經驗的執行人員，所以大多數運動員必須根據在訓練和比賽中的進步程度，來了解有氧能力是否有改善。畢竟，和最大耗氧量因為訓練而提升的幅度相比，運動表現的成果進步多少，可是重要得多了。目前已研發出各式各樣的有氧體適能測試，可用於評估最大耗氧量。比如說，在田徑跑道、跑步機和腳踏車測功計上進行 1.0 英里或 1.5 英里跑走測試（譯註：「跑走測試」為盡力跑，跑不動時大步走的一種測試方式；1 英里約 1.6 公里），可以用來估計最大耗氧量和評估有氧體適能。

頂尖耐力型運動員的 $\dot{V}O_{2max}$ 值極高：女性 > 70 毫升 / 公斤 / 分鐘，男性 > 85 毫升 / 公斤 / 分鐘。

其他應該知道的術語

在開始了解訓練如何影響人體使用氧氣的能力之前，先來認識和氧氣消耗有關的四大術語。第一個是**呼吸交換率**（respiratory exchange ratio，RER），雖然在實驗室以外的場合，RER 很少派上用場，但仍應該知道 RER 代表的意義和應用方式。簡單來說，RER 是氧氣利用與二氧化碳產生的比例，可以透過每分鐘二氧化碳生成量除以每分鐘氧氣使用量，來求出 RER。

$$呼吸交換率（RER）=\frac{二氧化碳生成量（\dot{V}CO_2）}{耗氧量（\dot{V}O_2）}$$

RER 用於計算有多少脂肪和碳水化合物被氧化來製造 ATP。人體一直在使用碳水化合物和脂肪來製造 ATP，但這兩大能量來源的使用比例會根據運動強度而改變。休息時，身體的需氧量較低，因此會氧化脂肪來製造 ATP，此時 RER 就會較低；在進行高強度運動時，肌肉大多靠氧化碳水化合物來製造 ATP，此時 RER 則較高。已知 1 公克的脂肪等於 9 大卡，1 公克的碳水化合物等於 4 大卡，而呼吸交換率就反映了脂肪和碳水化合物氧化程度的比例。

缺氧量（oxygen deficit）是必須了解的另一項術語。圖 3.5 顯示高強度運動期間

2 因為身體需要幾分鐘才能喚醒和增加有氧 ATP 生成有關的所有相關機制，所以肌肉會仰賴無氧 ATP 生成，方式是透過磷酸肌酸和醣解機制，而造成缺氧。這會導致一開始運動時呼吸變沉重，而且覺得非常乏力。

3 缺氧量指的是：在人體的有氧系統能從運動開始時就產生 ATP 的前提下，氧氣的消耗量。

4 一旦有氧能量系統啟動，並持續運轉中，肌肉就比較不用再依賴無氧系統。人體此時就會開始進入狀況，並會覺得身體已經適應運動強度。

1 無論何時開始從事任何體能活動，身體肌肉必須立刻增加 ATP 產量：從休息時的極低值，大幅提升到運動所需的數值。

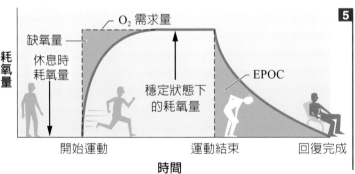

5 當停止一次運動的排程時，即使已不再快速產生 ATP，耗氧量（代謝率）仍會持續上升。事實上，在運動後數小時，耗氧量會持續高於平時休息時的數值。

圖 3.5 缺氧量指的是開始運動後，身體所需要投入 ATP 生產的氧氣量。EPOC 指的就是運動結束後，身體對氧氣過度消耗的量。

資料來源：Adapted, by permission, from W.L. Kenney, J.H. Wilmore, and D.L. Costill, 2015, *Physiology of sport and exercise*, 6th ed. (Champaign, IL: Human Kinetics), 129.

和結束後的耗氧情形。

　　如圖所示，在停止運動後數小時，代謝率仍然持續升高。此一反應稱為**運動後的過耗氧量**（**excess postexercise oxygen consumption，EPOC**）。**氧債**（**oxygen debt**）描述的是同一種反饋，但 EPOC 是較多人偏好的術語。運動後（尤其是劇烈運動）為何耗氧量仍會持續上升，原因甚多。讓呼吸和心跳率回復到休息狀態的數

為什麼最大心跳率會隨年齡減少？

　　會隨年紀而變化的生理狀態之一，就是最大心跳率的減少。事實上，每年最大心跳率大約一分鐘會少跳 1 拍。這項簡單的數據關係，透過最大心跳率的最常用公式即能求出：最大心跳率（HR_{max}）＝ 220－年齡。然而這個公式只提供非常大略的 HR_{max} 值，另一更精準的公式是：HR_{max} ＝〔208－（0.7× 年齡）〕。下表比較兩項公式的結果：

年齡	220－年齡	〔208－（0.7× 年齡）〕
20	200	194
30	190	187
40	180	180
50	170	173
60	160	166
70	150	159
80	140	152

　　在表中的年齡範圍內，可以看出兩項公式的誤差範圍為每分鐘 0 到 12 拍（beat per minute，bpm）。數據上的差異並不大，真正大異其趣的地方在於：若針對群體計算，要如何以該公式精確預知 HR_{max}。基於此點，第二項公式用來預測 HR_{max} 會比第一項更精準。實際上，如果你是帶領一群人運動的教練，又想要每個人對自己的 HR_{max} 有概念，宜用〔208－（0.7× 年齡）〕這項公式來求出。

　　HR_{max} 減少對每個人來說都是不可避免的，而且無論是生活型態常久坐者，或者體適能非常良好的人，都會發生。然而，**為什麼 HR_{max} 會減少？**目前還沒有明確的答案。這似乎是因為年齡增長、心臟的電訊號傳遞能力（electrical properties）變差，以及心臟對於荷爾蒙（如腎上腺素）的反應變得較遲鈍。隨著年齡增長，心搏量（在每一拍心跳中，血液從心臟打出的量）也會稍微減少大約 10% 到 20%。要記得因為心輸出量是心跳率乘以心搏量的積（CO ＝ HR × SV），所以勢必心輸出量也會因為年齡而減少。更有甚者，由於 $\dot{V}O_{2max}$ 主要也受心輸出量的影響，因此 $\dot{V}O_{2max}$ 也會跟著年齡而減少。

值需要一些時間、體溫在運動後一段時間會較高、壓力荷爾蒙諸如腎上腺素和正腎上腺素會增加分泌、ATP 和磷酸肌酸（PCr）必須補充、血紅素和肌紅蛋白的儲氧量也必須提高。這些林林總總的原因加上其他因素，耗氧量在活動後幾分鐘或甚至數小時會維持在高於休息時狀態。運動強度愈高或歷時愈久，EPOC 上升時間就會維持得愈長。

現在我們已經對 $\dot{V}O_{2max}$ 有基本了解，但有人可能也聽過**耗氧巔峰值**（$\dot{V}O_{2peak}$），並納悶兩者有何不同。箇中差異其實很單純：$\dot{V}O_{2max}$ 代表耗氧量的**最大值**，通常會在跑步時測試，因為跑步時幾乎全身肌群都會活動到，並使用氧氣；而 $\dot{V}O_{2peak}$ 則是指進行一項特定運動時的最高耗氧量。比如說，自由車的下半身活動多，但上半身肌肉系統往往動到的就比較少，因此，耗氧量就會較低，但仍會位於該運動會達到的巔峰值。要在理論上追根究柢，難免吹毛求疵，但當學員／運動員、教練或學生有疑問時，即可派上用場，幫助釐清兩項術語的不同。

運動過程中，隨著神經脈衝傳入心臟節律細胞（pacemaker cell）的次數改變，心跳率會跟著增加。一旦運動停止，神經脈衝的傳入會慢慢減少，心跳率也就會隨之慢下來。

訓練如何幫助身體利用更多氧氣？

第 1 章曾列出有氧（耐力型）訓練的適應變化，其中多數和人體利用氧氣的能力增加有關。舉例來說，有氧訓練可以刺激肌細胞，藉此增加粒線體含量，克氏循環與電子傳送鏈相關的酵素也會增多。為了充分利用這些適應變化，人體必須要能輸送更多氧到肌細胞。要達到此一目標，心肺系統也要產生適應變化。兩大關鍵性適應變化是心輸出量和肌肉血流量的增加。事實上，$\dot{V}O_{2max}$ 的增加主因就是心輸出量的提升。

關於心輸出量的計算方式，讀者可能到這邊還記憶猶新：心輸出量取決於心跳率與心搏量的乘積（CO = HR × SV）。即使訓練沒有改變最大心跳率，訓練仍可以增加心搏量（即心臟每跳一拍打出的血量）。心搏量之所以會因為

訓練而增加,是因爲心臟的左心室會在訓練後,變成一個體積和強度都更大的泵浦裝置,每跳一拍時可以輸出更多的血液。血液總量(全身所有血液的體積)也會隨著訓練而增加,使心臟提升其輸出量。由於 $\dot{V}O_{2max}$ 取決於心輸出量和肌肉從血液中獲取氧氣的能力,因此適當的有氧訓練可以提升 $\dot{V}O_{2max}$。曾讀過運動生理學的讀者,應該對費氏公式(Fick equation)不陌生,即:$\dot{V}O_2 = CO \times a\text{-}\overline{v}O_{2diff}$。簡言之,這個公式表示心輸出量和氧氣獲取量增加時,$\dot{V}O_2$ 就會增加。(a-$\overline{v}O_{2diff}$ 代表氧氣在動脈和靜脈之間濃度的差異,數值愈大,代表已獲得和利用的氧氣量增加。)

在一次運動的過程中,身體必須進行許多調整,以確保所有細胞都能獲得充足的血液、氧氣和營養素。和較少使用的細胞相比,活動中的肌肉需要更多氧氣、血液和營養素,所以身體會進行必要的因應。請參照圖 3.6 所示各步驟,快速了解在心血管系統內的各大關鍵適應變化。

經常運動的眾多好處之一是可以維持血壓在健康的範圍內。血壓值高(高血壓)和心臟病與中風的高罹病率有關,這也是爲何醫護人員在每次看診時都會幫病患測量血壓。平均血壓的「正常值」爲 120/80,這種簡單的標記方式,是指在休息狀態下,每拍心跳之間所測得的大型動脈(如在上臂放壓脈帶處)的血壓應爲 120 mmHg(mmHg 爲毫米汞柱,爲用來表示壓力的單位)與 80 mmHg。較高的那個數字是收縮壓,較低的則是舒張壓。運動時,隨著運動強度提高,收縮壓會上升。舒張壓會維持不變,或可能微幅下降。對於健康的人來說,改善體適能並不會影響休息時血壓,但對於高血壓患者而言,運動可以降低收縮壓與舒張壓,幅度爲 6 到 7 mmHg。

血量若在運動時減少,有三項原因:運動時血壓增加,使一些血漿被擠壓出血管;一些血漿從血管中被抽到肌細胞內;還有一些血漿內的水分隨著汗水流失。爲了應付運動時血量減少,心跳率會增加,以維持心輸出量。

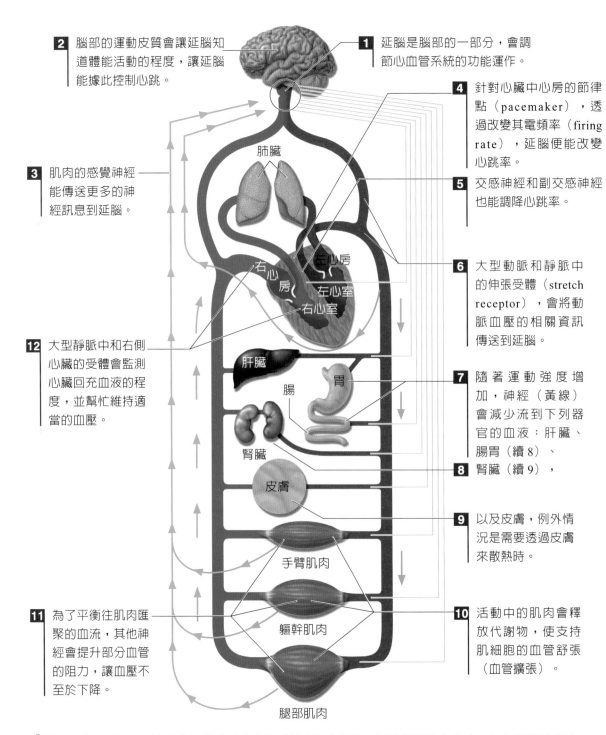

2 腦部的運動皮質會讓延腦知道體能活動的程度,讓延腦能據此控制心跳。

1 延腦是腦部的一部分,會調節心血管系統的功能運作。

4 針對心臟中心房的節律點(pacemaker),透過改變其電頻率(firing rate),延腦便能改變心跳率。

3 肌肉的感覺神經能傳送更多的神經訊息到延腦。

5 交感神經和副交感神經也能調降心跳率。

肺臟

右心房

左心房

左心室

右心室

6 大型動脈和靜脈中的伸張受體(stretch receptor),會將動脈血壓的相關資訊傳送到延腦。

12 大型靜脈中和右側心臟的受體會監測心臟回充血液的程度,並幫忙維持適當的血壓。

肝臟

腸

胃

7 隨著運動強度增加,神經(黃線)會減少流到下列器官的血液:肝臟、腸胃(續8)、

腎臟

8 腎臟(續9),

皮膚

9 以及皮膚,例外情況是需要透過皮膚來散熱時。

手臂肌肉

軀幹肌肉

11 為了平衡往肌肉匯聚的血流,其他神經會提升部分血管的阻力,讓血壓不至於下降。

10 活動中的肌肉會釋放代謝物,使支持肌細胞的血管舒張(血管擴張)。

腿部肌肉

圖3.6 第1至12項簡單介紹運動時心血管系統產生的調整,以確保足夠的血液、氧氣和營養素能輸送到使用中的肌肉。

資料來源:Adapted, by permission, from E.F. Coyle, 1991, "Cardiovascular function during exercise: Neural control factors," *Sports Science Exchange 4*(34): 1-6. Copyright 1991 by Gatorade Sports Science Institute.

耐力表現的限制因子是什麼？

使用正確的方法努力訓練，為什麼 $\dot{V}O_{2max}$ 增加到一個程度後就停滯不前？這是因為有氧能力的受限，和使用中肌肉獲得的氧氣有關。對於體適能良好的耐力型運動員，肌肉含有充足的粒線體和氧化酵素，來處理血液中運輸的氧氣。事實上，耐力型運動表現會因為運動時吸入大量氧氣而提升，這說明了肌肉可以比平時利用更多氧氣。氧氣供應到肌肉的能力會限制有氧能力，換句話說，心輸出量和肌肉血流的上限會形成有氧能力的極限（$\dot{V}O_{2max}$）。

喘不過氣的狀況固然往往和劇烈運動相關，但呼吸並不會限制健康運動員的表現。這代表肺臟能供應肌肉可以處理的氧氣量，但在肺臟達到運輸氧氣到血液中的極限之前，肌肉會先達到用氧能力的上限。

改善有氧能力

如果要設計一項訓練計畫，目標是要最大化一個人的有氧能力，這個訓練計畫應該歷時多久？3 個月？6 個月？2 年？或是更長？

研究顯示，經過大約 12 到 18 個月的適當訓練後，$\dot{V}O_{2max}$ 能成長至個人的上限值。所幸，即使 $\dot{V}O_{2max}$ 可能有上限，耐力型的運動表現仍然可以繼續進步，這是因為訓練可以增加乳酸閾值，讓耐力型運動員維持更快的訓練步調。

用前述 12 到 18 個月的訓練時程來改善 $\dot{V}O_{2max}$，這對於多數人是可行的，但一如所有生理上的適應變化速度因人而異，$\dot{V}O_{2max}$ 的改善時間也是有人很快，有人較慢。這種個體之間的**生物差異性（biological variability）**和一些因素有關。首先，在訓練計畫的反饋上，孰優孰劣大多取決於個體的遺傳因素，就 $\dot{V}O_{2max}$ 改善能力而言，約五成的因素和遺傳有關，這點恐怕不讓人意外。然而，不公平的是，有

些人即使未受訓練，過去也沒有接觸過耐力型訓練，$\dot{V}O_{2max}$ 數值卻很高（例如 > 60 毫升／公斤／分鐘），身體素質可說得天獨厚。

訓練初期的狀況，也會影響到 $\dot{V}O_{2max}$ 的可進步幅度。舉例來說，相較於訓練斷斷續續的學員，體適能訓練新手會有更高機會提升本身的 $\dot{V}O_{2max}$。兩人的 $\dot{V}O_{2max}$ 都可以增加，但新手的進步幅度相對較大。

女性的平均 $\dot{V}O_{2max}$ 會比年齡和訓練狀態都相仿的男性還低大約 10%。不過在競速類運動上，前述差異在男女之間沒有太大影響，因為在賽跑、游泳、自由車和划船等項目上，常見有女性成績優於許多男性。這現象反映了男女間的個人差異，同時說明為什麼 $\dot{V}O_{2max}$ 不是用來預測耐力型運動表現的可靠指標。

在第 1 章曾提到，每個人對訓練的反饋程度有高有低，在 $\dot{V}O_{2max}$ 進步幅度上亦然。想像有一群人的 $\dot{V}O_{2max}$ 數值大同小異，然後一起完成 12 週的耐力型訓練計畫。對於該計畫的反饋，個體之間的 $\dot{V}O_{2max}$ 進步幅度可能會差到 0% 至 50% 不等。想像一下練得要死要活，$\dot{V}O_{2max}$ 卻毫無進展，會讓人多麼洩氣！

有氧訓練的好處之一是增加紅血球的生成數量，但實際上，血液中紅血球所占比例（稱為血球容積比）主要取決於訓練初期的數週，這是因為血液總量的增加量會比紅血球的增加量還多。血球容積比最終會回復正常，而血液總量和紅血球數量的增加，兩者都有助於運動表現。

運送氧氣和增進運動表現

適當訓練可以增加心輸出量、最大血流量，以及使用中肌肉的微血管密度，來送更多氧氣到使用中的肌肉。這些適應變化能促進耐力型的運動表現，不過根據一些運動場上的實例，還有其他方法可以提升輸氧能力和耐力型運動表現。

禁止使用的醫學技術

血液回輸技術（**blood doping**）是可以增加有氧能力的非法技術。這種方式是從運動員身上抽出血液後另外儲存，待數週後，運動員自身已經透過新陳代謝補充流失的血液，再將另外儲存的血液輸回運動員身上，以增加氧氣輸送，並促進運動表現。血液回輸可以增加血液總量和血紅素含量，讓更多血液和氧氣得以送到使用中的肌肉。世界反禁藥組織（World Anti-Doping Agency）、美國反禁藥組織（U.S. Anti-Doping Agency）和其他運動主管機關認為血液回輸是作弊行為，因為這種方式只是偷吃步，以取巧的方式促進運動表現，其進步並非來自訓練。

另一項增加輸氧能力的違法方式是注射**紅血球生成素**（**EPO**）。人體腎臟會自然生成 EPO，以確保在血液中有數量足夠的紅血球。EPO 可以促使骨髓生成紅血球，而注射 EPO 會額外提升紅血球的產量，進而使血紅素增加，輸氧能力也會上升。使用 EPO 的一個風險是，因為產生了太多紅血球而造成血液黏性（濃稠度）增加，心臟需要承受極大張力。運動界的實例中，曾有數十名自由車選手年輕力壯、表現出色，卻死於心臟病發作，一般認為他們的死因和使用 EPO 有關。

其他技術

有些耐力型運動員會睡在調降空氣中氧氣濃度（精確來說是低氧氣分壓）的設備，如高海拔模擬訓練用帳篷（altitude tent）或類似空間內，為的是要刺激 EPO 自然生成，以增加紅血球在血液中的含量。這些增加紅血球的方式並沒有違法。有實力的游泳選手常常採用**低氧訓練**（**hypoxic training**），方式是於反覆游程中減少呼吸頻率或是閉氣。頂尖長跑者通常會在高海拔訓練，讓自己的身體置身於缺氧（氧氣量較正常值低）的環境中來提升表現（後續將於第 10 章詳細探討）。低氧訓練的用意是促使身體發生生理和代謝上的變化，以促成更好的適應變化。研究顯示居住在高海拔地帶（＞海平面 1,650 英尺，即＞ 500 公尺）並在低海拔地帶（＜ 1,650 英尺）訓練，由於紅血球生成量增加，可以部分提升 $\dot{V}O_{2max}$ 和耐力型運動表現。

對於想增加肌力的運動員，有一種低氧訓練的變化方式為**血流阻斷法**（**blood flow restriction**），透過在進行肌力訓練的過程中，減少送往四肢的血流量，來增加訓練壓力。血流阻斷法應也對增加肌力和肌肉量有正面幫助。

多數人不太可能搬到高海拔地帶、找一頂高海拔模擬訓練用帳篷來睡，或是在肌力訓練時阻斷血流。要提升運動表現，比較簡單的方法是調整訓練的強度、時間長度和頻率，以漸進的方式增加訓練壓力。

藉由氣瓶來吸取高含氧的空氣，也可以增加運送到使用中肌肉的氧氣量，提升耐力型運動表現。即使紅血球的血紅素幾乎總是滿載著氧氣（血液中的血紅素大約98%都會含有大量氧氣）。呼吸含氧量百分之百的氧氣可以增加血中含氧量，幅度大約10%，這足以提升耐力型的運動表現。對於高海拔的登山者來說，攜帶氧氣瓶可以確保提升運動表現和安全性。不過除了水肺潛水，其他運動項目就不可能扛著一支氣瓶了。

那麼如果像美式足球員一樣，在場邊休息時呼吸100%純氧，又會發生什麼事呢？運動科學家還無法得知在身體回復時呼吸氧氣，會在生理上帶來什麼幫助。也就是說，在身體回復時呼吸氧氣，無法提升接下來的運動表現。這項持續沿用的方式，是很好的**安慰劑效應（placebo effect）**例子。安慰劑效應就是做了某些事情之後，在心理上的期待勝過了生理上的實質效果。只不過，光是有心理效果這一點，就足以讓氧氣筒持續出現在美式足球場的休息區。

多吃蔬菜對於提升耐力型運動表現而言，也可能有實質幫助。西洋芹、紅蘿蔔、甜菜和大黃（譯註：一種根莖類）都含有硝酸鹽，硝酸鹽是一種結構簡單的物質，由一個氮原子和三個氧原子組成。在人體內，硝酸鹽會被轉化成具有生物活性的化合物一氧化氮（一個氮原子和一個氧原子組成）。研究顯示增加在肌細胞內的一氧化氮，可以幫助減少運動中的耗氧量，並促進耐力型運動表現。換句話說，即使運動強度不變，但在運動過程中使用的氧氣卻更少。從保健的角度來看，硝酸鹽的攝取也跟降低血壓有關，這對於有高血壓困擾的人而言，有實質上的幫助。

第4章

疲勞帶給身體什麼好處？

疲勞的原因很多，但透過運動訓練達成最大程度的適應後，也可帶來為數不少的好處。

練得要死要活，難免筋疲力盡，儘管如此，沒人會愛上疲累的感覺。疲勞會使身體耐力耗盡、注意力渙散，並喪失持續運動的意念。疲勞有時會跟失敗畫上等號，若比賽途中疲累，更是會被歸咎成輸的原因。說到底，訓練這檔事，最重要的效益之一就是要減緩疲勞的發生，且愈晚出現愈好。不論你是百米衝刺或跑一場全馬時進行配速，疲勞都會拖累你的腳步。無論是生理上還是心理上，疲勞簡單來說就是無法讓人持續進行活動。

從個人經驗告訴我們，疲勞會以各種型態出現：在辦公室坐一整天的心理疲累和一整天體能勞動帶來的疲勞感是不同的。四百米賽跑和一場全馬的疲勞強度也天差地別。然而，在這兩種運動中，疲勞都會讓跑速難以維持。對於疲勞的感受大不相同，正說明疲勞起因形形色色，而且和運動的強度與時間長度有關。

是什麼造成疲勞？

　　表 4.1 列出了會造成疲勞的機制。比如說，疲勞可能會因為一些周邊因素而產生，這些因素會使肌細胞穩定製造 ATP 分子的能力受限，而無法維持想要的運動強度。疲勞也可能因為中樞限制而發生，即腦部和神經系統無法維持繼續運動的需求。中樞疲勞（central fatigue）的產生型態為喪失了繼續運動的意念或動機，或某方面和持續運動有關的運動技巧（motor skill）減少，也就是失去專注力，開始變得不協調，甚至變慢和停止運動。多數人發生周邊疲勞（peripheral fatigue）後，在某個臨界點就會停止運動了，而對於高度投入的運動員而言，一些科學家認為中樞疲勞會啟動，避免這些運動員衝過頭，甚至超出前述周邊疲勞就可以讓多數人停下來的臨界點。

　　為了解疲勞如何發生，並知道訓練、營養和水分攝取如何幫助延後疲勞的發生，改善運動表現，下表將簡單介紹疲勞的各種成因和背後的機制。

人體在短時間內使出全力時，肌細胞會將製造 ATP 的速率提升到休息時的 1,000 倍。ATP 的生成速率和維持一定運動強度有關，若因任何因素減少時，都會造成疲勞。

表 4.1　運動過程中可能造成疲勞的原因

成因	影響內容	運動受到的限制
磷酸肌酸（PCr）耗盡	細胞用完可快速生成 ATP 的磷酸肌酸	降低高強度收縮的能力
三磷酸腺苷（ATP）耗盡	若 ATP 的製造速度無法配合需求，肌細胞內整體的 ATP 含量會下降	降低高強度收縮的能力
肝醣耗盡	以肝醣型式儲存在肌肉和肝臟中的葡萄糖含量減少	作為燃料的葡萄糖減少，使肌細胞製造 ATP 的速率下降
低血糖（症）	血糖含量低	腦部、神經和肌肉細胞可攝取和利用的葡萄糖減少，使運動難度增加
低血容積	血量低，通常是因為脫水	心輸出量（心臟供應血液到活動中肌肉的能力）下降

成因	影響內容	運動受到的限制
體溫過高／高熱	身體體內溫度高	提升運動難度，並減少心理上繼續運動的意念
代謝性酸中毒	乳酸分子和氫離子累積在血液和肌肉中	減少肌細胞進行收縮的能力，且呼吸率上升
神經傳遞受干擾	神經功能運作受損	改變傳入和傳出肌肉的神經訊號，對協調與肌力有不良影響
腦部活動受干擾	腦部功能運作受損	降低肌肉協調性和心理上繼續運動的意念，使運動無法維持

磷酸肌酸（PCr）和 ATP 耗盡

　　之所以將磷酸肌酸和 ATP 放在一起討論，是因爲兩者都和高強度運動密切相關。圖 4.1 中，可以發現在使盡全力的運動開始時，會快速分解磷酸肌酸，以製造 ATP 來進行劇烈的肌肉收縮，有些 ATP 分子會儲存在肌細胞裡，剩下的則用在肌肉收縮上。磷酸肌酸和 ATP 兩者通力合作，也僅夠維持全力運動幾秒鐘，不過這時間已經足夠讓醣解作用開始運作，以製造 ATP。可以想像，拚盡全力的運動會快速消耗活動肌細胞內的磷酸肌酸供應，ATP 供應量也下降，但不會掉得像磷酸肌酸這麼快，因爲 ATP 還會透過其他路徑持續製造。一旦磷酸肌酸和 ATP 的供應量下降一定程度後，運動節奏就會開始變慢，因爲整體 ATP 製造和供應速率變慢了。這就是爲什麼即使是世界頂尖短跑運動員，也只能維持極速約 4 秒鐘，之後就開始慢下來。

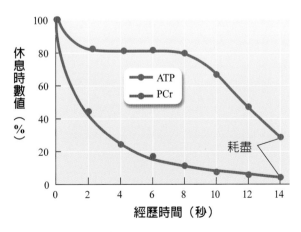

圖 4.1　使出全力運動時，PCr 和 ATP 驟降。

購買 ATP 和磷酸肌酸的補給品，就像是把錢丟到水裡，因為這兩種分子在消化時都會被分解。然而，攝取肌酸補給品已證實可以增加肌肉內磷酸肌酸的儲存量（至少在肌肉肌酸量未達最高值的研究受試者身上是如此）。肌酸補給品也已證實可以增進需要反覆強力動作的高強度運動表現。這個效果可以透過安排更高強度訓練排程，促進對高強度間歇訓練的反饋。

肝醣耗盡

只要肌肉產生收縮，在活動肌細胞內的大型肝醣分子就會不斷被分解，以供應進行醣解作用的葡萄糖，進而開始製造 ATP。肝醣是肌肉中最關鍵的能量來源，當肝醣的儲存量過低時，運動就會難以進行，而運動表現也會受限。圖 4.2 呈現了在跑步機上運動時，由於腓腸肌內的肝醣量降低，即使跑速不變，也會覺得愈來愈難跑。

肌肉肝醣絕對可以是耐力型運動的限制因子，但要記住高強度運動也需要肌肉肝醣的運作。事實上，衝刺中肌肉肝醣分解的速率比平常走路時快 40 倍以上。你可能也有注意到圖 4.2 中，肌肉肝醣的含量在跑步機上第 1 個小時的下降速率大於後續的時間。在肌肉肝醣儲存量足夠時，以及肝醣量高時，肌肉都會不吝於分解肝醣來製造

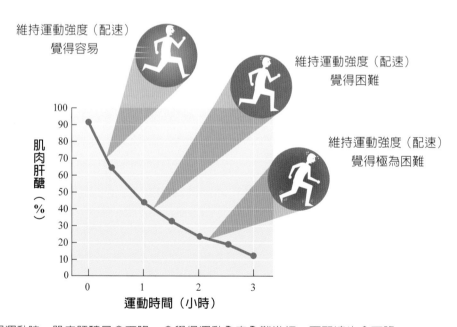

圖 4.2 長時間運動時，肌肉肝醣量會下降，會覺得運動愈來愈難進行，而配速也會下降。

資料來源：Adapted, by permission, from D.L. Costill, 1986, *Inside running: Basics of sports physiology* (Indianapolis: Benchmark Press). Copyright 1986 Cooper Publishing Group, Carmel, IN.

ATP。而經歷一段時間的運動後，隨著肝醣含量下降，肌肉對脂肪酸氧化的依賴會增加，藉此產生 ATP，進而導致跑速下降，或者像圖 4.2 的跑者，即使能維持配速跑下去，身體上的不適仍會持續增加。在這個例子裡，你可以說圖中的跑者在跑了一個半小時的跑步機後，在體能上面臨了「撞牆期」，此時肌肉肝醣含量低和強烈感到氣力用盡有關。

運動的強度決定了肌肉肝醣的分解速度：運動強度愈高，肝醣消耗的速率就愈快。實際來看，訓練量大的人應該攝取富含碳水化合物的飲食，以補充在訓練中消耗的肌肉肝醣。高碳水化合物飲食並非只適合耐力型運動員。

另外，運動的種類也會影響肌肉肝醣的利用方式。舉例來說，短跑運動員會從第二型肌纖維中消耗較多的肝醣，而耐力型運動多取自於第一型肌纖維。其他因素則會影響活動中的肌細胞利用肌肉肝醣的方式。比如說，肝醣的消耗速率，取決於所從事的運動主要使用哪種類型的肌肉。從圖 4.3 可以發現，在平地坡度、上坡或下坡的路段跑步，會決定哪條肌肉使用了最多的肝醣。

假如肌肉肝醣對於運動表現是如此重要，該怎麼確保肝醣的儲存呢？例如，如果在運動中攝取碳水化合物，是否就可以減緩肌肉肝醣的消耗？可惜的是，答案似乎

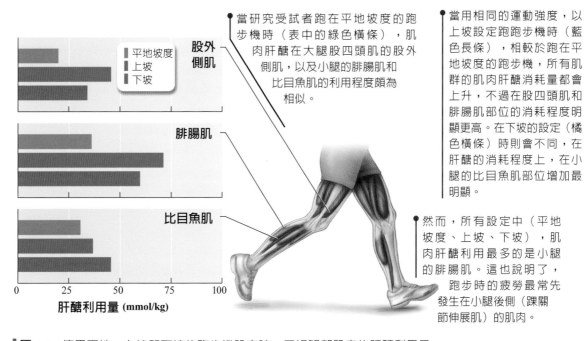

當研究受試者跑在平地坡度的跑步機時（表中的綠色橫條），肌肉肝醣在大腿股四頭肌的股外側肌，以及小腿的腓腸肌和比目魚肌的利用程度頗為相似。

當用相同的運動強度，以上坡設定跑跑步機時（藍色長條），相較於跑在平地坡度的跑步機，所有肌群的肌肉肝醣消耗量都會上升，不過在股四頭肌和腓腸肌部位的消耗程度明顯更高。在下坡的設定（橘色橫條）時則會不同，在肝醣的消耗程度上，在小腿的比目魚肌部位增加最明顯。

然而，所有設定中（平地坡度、上坡、下坡），肌肉肝醣利用最多的是小腿的腓腸肌。這也說明了，跑步時的疲勞最常先發生在小腿後側（踝關節伸展肌）的肌肉。

圖 4.3　使用平地、上坡和下坡的跑步機設定時，三組腿部肌肉的肝醣利用量。

資料來源：Adapted, by permission, from W.L. Kenney, J.H. Wilmore, and D.L. Costill, 2015, *Physiology of sport and exercise*, 6th ed. (Champaign, IL: Human Kinetics), 136.

是不行。攝取運動飲料、能量棒或能量果膠，可以全面維持碳水化合物整體的高氧化率，進而確實增進運動表現，但肌肉肝醣的利用應不會受到影響。

運動中攝取碳水化合物可以幫助維持血糖值，預防血糖降低，也就是所謂**低血糖症（hypoglycemia）**。不論是在運動或休息時，肝臟的工作都會持續進行——葡萄糖分子會釋放到血流中，以維持血液中葡萄糖（血糖）的正常濃度。然而，肝臟自身提供的肝醣量是有限的，當儲存量耗盡，就會產生低血糖症，直到攝取碳水化合物才會停止。運動員若要進行晨練，都會建議先攝取碳水化合物，理由之一為可以幫助肝臟補充在睡眠時消耗掉的肝醣。

低血糖症

如先前所提，當肝臟裡的肝醣愈來愈少時，血液中的血糖濃度就會下降，導致低血糖症，其症狀包括身心疲勞、身體顫抖、虛弱和飢餓。正如我們所知，在運動時攝取碳水化合物，可以幫助維持血糖濃度和減少肝醣的消耗。如果持續運動數小時、沒有攝取碳水化合物，感到筋疲力盡時，透過攝取數百大卡的單醣後，就可以繼續運動。攝取碳水化合物之所以會對運動表現有這麼重大的影響，是由於維持血糖濃度不但能確保活動中的肌肉有穩定供輸的血糖，用於製造 ATP，同時也能確保腦部和神經獲得同樣效果。換句話說，在一般的狀況下，葡萄糖是腦部和神經唯一會取用的燃料。這就是為什麼低血糖症會導致疲勞和急躁。

脫水引發的身體反應

數值上增加的項目

- 腸胃（GI）系統不適的發生率
- 血漿的滲透率
- 血液黏稠度
- 心跳率
- 休息時的核心溫度
- 皮膚溫度
- 腦部溫度
- 開始流汗時的核心溫度
- 皮膚血流增加的核心溫度
- 特定耗氧量（$\dot{V}O_2$）時的核心溫度
- 碳水化合物的氧化
- 肌肉和肝臟中的肝醣分解
- 因為熱而引起的不適

脫水

　　低血容積（hypovolemia）是醫學術語，指的是血液容積低於正常值，是脫水會引發的一種主要生理反應。由於大部分的人比較熟悉**脫水**（dehydration）一詞，所以接下來就用「脫水」來說明。

　　以人體的水分調節機制來說，流汗的確是一個很大的挑戰。因為汗水中的水分子來自血流（**血管內液體**，vascular fluid）、細胞周圍的液體（**組織液**，interstitial fluid）和在細胞內的液體（**細胞內液**，intracellular fluid）。如果在活動過程中大量流汗，會發現從身體中流失的水分遠比你能喝下的水分還多，因此會進入缺水的狀態。

　　即使是很輕微的脫水（如 200 磅重的人只流失了 2 磅，大約是體重 1% 的水量；200 磅約 91 公斤，2 磅約 0.91 公斤），其生理變化也可觀察到。當脫水情況變嚴重時，生理狀況和運動表現也會跟著變差（尤其是在溫暖的環境中）。人體各種生理功能會因脫水受損，造成不適，難以維持運動強度。

　　避免脫水是非常重要的事情，多數人可以在運動時喝水，輕易補充水分。在活動中保持水分充足，可以讓人體發揮最大的運作功能、在運動時更自在，並減少因為熱而造成的身體不適。然而，在運動過程中，應該喝多少水呢？這個問題並沒有單一答案，因為每個人的流汗率都不同，有些人汗量少（< 1 公升 / 小時），僅會有皮膚表面潤溼的程度。多數人的流汗量屬中等（1 至 2 公升 / 小時）；有些人則會大量流汗（> 2 公升 / 小時）。圖 4.4 簡單顯示流汗率的個體差異幅度。

數值上減低的項目

- 血漿體積
- 流入各內臟的血流量
- 中樞血液體積
- 中樞靜脈壓力
- 心臟內血流填充時的壓力
- 心搏量
- 心輸出量
- 特定核心溫度下的皮膚血流量
- 最大皮膚血流量
- 肌肉血流量
- 特定核心溫度下的出汗率
- 最大出汗率
- 肌肉和肝臟中的肝醣合成
- 體能和心理上的表現

每小時流汗率

（單位為夸脫，1 夸脫約 946 毫升）

圖 4.4 由於先天素質、體適能、環境溫度、運動強度以及其他因素的關係，個體之間的流汗速率可能天差地遠。

　　無論流汗率高低，目標都是在運動過程中補給充足的水分，以避免體重的流失。這就是爲什麼對於容易滿身是汗的人而言，在運動前後量體重是有幫助的。流汗量超過體重的 2% 就意味著脫水，也代表日後訓練排程中，水分的攝取量要增加。體重上升則代表飲用過多水分。

　　先不論科學上的細節，運動者仍要注意下列脫水相關實用知識：將身體保持在水分充足的狀況下，一定是好過脫水狀態。這樣不但可以維持整體健康，並可於身心方面促成最佳運動表現。

體溫過高 / 高熱

　　身體因脫水而產生的必然反應之一爲核心溫度的上升，但在水分充足的狀況下，也可能會發生**體溫過高 / 高熱**（hyperthermia），原因像是在溫熱的環境中運動，或只是因爲處於炎熱的環境下，如三溫暖。

　　在體能活動中，身體溫度會自然上升，因爲熱能就是肌肉收縮的副產品。身體溫度（常稱爲**核心溫度，core temperature**）上升太多，會削弱運動表現，並在因熱造成的身體不適方面，也會增加相關風險，像是**熱衰竭**（heat exhaustion）和**中暑**（heatstroke）。圖 4.5 簡單顯示了過熱會減弱運動表現。熱會限制運動的能力，因爲當核心溫度上升時，會更快分解肌肉肝醣，血液會回流到皮膚表面，以幫助散熱，流汗率增加，脫水的風險上升，並降低繼續運動的動機。

　　研究指出，肌肉的預先降溫可以提升運動表現，而肌肉的預先加溫則會削弱運動表現。這就是爲什麼在炎熱天氣下訓練或比賽時，進行暖身的運動員只需要適量「暖」身，不用整個人熱到當機。

　　身體過熱對運動表現來說不是一件好事，因爲身體（包括腦部）處於高溫時，無法維持最佳狀態。事實上，體溫過高會對心血管系統、肌肉和腦部的功能產生不良影響，進而限制運動的能力和意念。當身體溫度上升時，心臟會將更多的血液輸送到

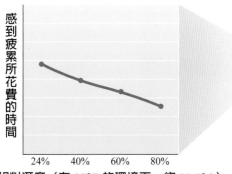

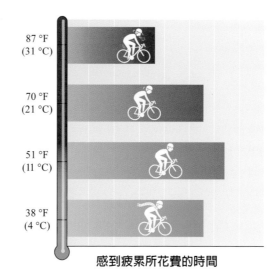

感到疲累所花費的時間

圖 4.5　體溫過高會削弱運動表現。研究顯示，體溫和溼度愈高，身體愈快疲累。

資料來源：Part a data from S.D.R. Galloway and R.J. Maughan, 1997, "Effects of ambient temperature on the capacity to perform prolonged cycle exercise in man," *Medicine and Science in Sports and Exercise* 29: 1240-1249; part b data from R.J. Maughan et al., 2012, "Influence of relative humidity on prolonged exercise capacity in a warm environment," *European Journal of Applied Physiology* 112: 2313-2321.

皮膚表面以幫助散熱，導致輸送到肌肉的血流量減少（尤其是讓自己處於脫水狀態時）。體溫過高也會降低腦部想繼續運動的意願，多數人此時會因此慢下來或停止運動，以減緩身體發熱，並避免熱傷害（heat illness）的發生。保持水分充足並策略性減少運動過程中的生熱（像是利用風和遮蔽來幫助降溫、脫去一些衣物以及減少運動強度）都可以避免體溫過高和對運動表現的不良影響。

代謝性酸中毒

經驗告訴我們：人沒有辦法維持高強度運動非常久，因為過程中會愈來愈不舒服，最後被迫停下來。這種類型的疲勞，往往歸咎於乳酸累積。高強度運動需要透過無氧醣解來製造 ATP，連帶產生大量乳酸。事實上，當乳酸快速累積在肌細胞內時，**會解離**（dissociate，即分解）成一個乳酸分子和一個氫離子（H^+）。乳酸分子可以再轉換成丙酮酸分子，並進入檸檬酸循環中，幫助製造更多 ATP。或者，乳酸分子也可以透過擴散作用，從肌細胞內出來到血流中，由其他組織獲取，轉換成丙酮酸，用於製造 ATP。

氫離子（H$^+$）是不折不扣的麻煩製造者。當氫離子累積在肌細胞內時，細胞的酸鹼（pH）值會快速下降。換句話說，細胞的酸性程度不斷增加，導致細胞從醣解作用製造ATP的能力下降。所幸肌細胞內有緩衝機制，可避免酸鹼值過低而傷害細胞（見圖4.6）。然而，由於輕微的酸化一定會產生，並限制ATP製造和肌肉收縮，因此身體持續高強度運動的能力會受限。

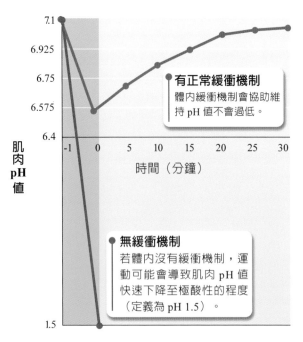

有正常緩衝機制
體內緩衝機制會協助維持pH值不會過低。

無緩衝機制
若體內沒有緩衝機制，運動可能會導致肌肉pH值快速下降至極酸性的程度（定義為pH 1.5）。

肌肉pH值

時間（分鐘）

圖4.6 緩衝機制對於肌肉pH值的影響。pH 1.5是一個酸性程度非常高的數字。電池內的酸性物質pH值是1.0以下，而消化液（胃酸）則是1.5到3.0。

預先降溫可以幫助運動表現

體溫過高會削弱運動表現，而體溫過低也一樣。然而，避免核心溫度上升過快，則對運動表現有幫助。其中一個方式是在體溫上升的運動過程中，保持充分的水分攝取；另一個方法則是讓身體適應體溫的變化。在進行高強度運動前預先降溫，也有一樣的效果，透過飲用含冰飲料、穿著清涼衣物、浸泡於冷水或者是置身在低溫室內，都可以稍微降低核心溫度。在展開高強度運動前，若讓體溫降到比平常更低，則可以拉長運動的持續時間，因為核心溫度要花更久才會上升到會影響運動表現的程度。

研究顯示，預先降溫可以改善運動表現，特別是在溫熱環境中長時間運動時。因為在這樣的環境下，過高的體溫會對心理上的意願和生理上的能力產生不良影響，而無法繼續高強度運動。不同運動的訓練和比賽條件五花八門，預先降溫策略固然也必須據以調整，但對在高溫環境中從事體能活動的任何人（運動員、軍人或是工人）而言，預先降溫都不失為值得考慮的應變策略。

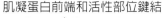
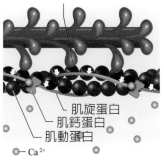
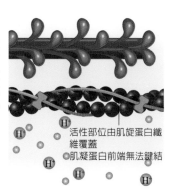

正常過程
鈣離子（Ca²⁺）負責依附在肌鈣蛋白上，讓肌旋蛋白的蛋白束產生適當的移動距離，使肌動蛋白細絲上的活性部位露出，肌凝蛋白前端得以和肌動蛋白細絲鍵結，產生肌肉收縮。

肌凝蛋白前端和活性部位鍵結

肌旋蛋白
肌鈣蛋白
肌動蛋白
— Ca²⁺

氫離子造成干擾
氫離子（H⁺）的累積會影響鈣離子（Ca²⁺）的功能發揮，降低收縮力量，並造成疲勞，而無法持續執行任務。

活性部位由肌旋蛋白纖維覆蓋
肌凝蛋白前端無法鍵結

圖 4.7　只要能干擾鈣離子（Ca²⁺）進出肌質網和與肌鈣蛋白的相互作用，就能減少肌肉力量的產生——造成所謂的疲勞。

若肌細胞酸鹼（pH）值下降，一般認為運動表現因此下滑的原因之一，是收縮過程中鈣離子（Ca²⁺）的運作受到干擾（圖 4.7）。在第 1 章有提到，肌肉收縮主要依賴肌質網中鈣離子的釋放，並隨之以同樣速度補充鈣離子，釋回肌質網。

一些研究指出，人體可以攝取含有小蘇打或檸檬酸鈉的液體，來增進應付劇烈運動的能力。碳酸氫鹽和檸檬酸鹽都可以提供緩衝，抵銷氫離子的累積，以避免氫離子（H⁺）減緩醣解作用的進行和干擾肌肉收縮。然而，多數研究顯示沒有效果。

> 乳酸本身並不會造成疲勞，但和乳酸一起產生的氫離子會降低肌細胞內的酸鹼值，進而干擾能量製造和肌肉收縮。

神經傳遞受到干擾

如圖 4.8 所示，腦部、脊椎和神經肌肉節點（即運動神經連接肌肉的地方）均為各類疲勞因子的源頭。

腦部是人體所有自主動作的控制中樞，而這種驅使身體持續動作的**中樞神經驅動**（central drive）有可能受到影響，受影響後會改變身體對疲勞的因應機制。近期的理解是腦部可降低運動動機（意念），當作可避免身體狀況變差或受傷的保護機制。儘管這類保護機制多半有用，但安非他命等藥物卻可加以推翻，迫使身體繼續運動。舉例來說，即使肌肉

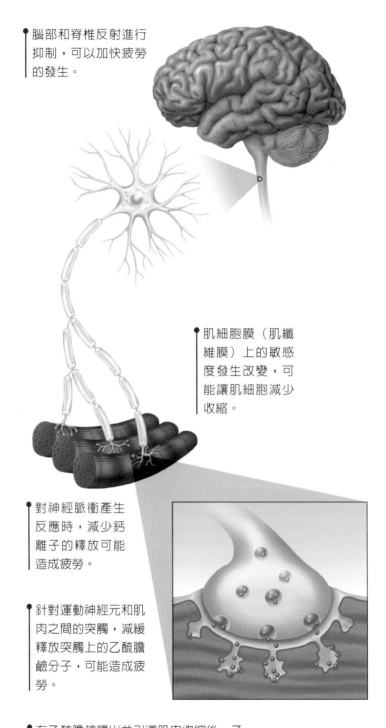

腦部和脊椎反射進行
抑制，可以加快疲勞
的發生。

肌細胞膜（肌纖
維膜）上的敏感
度發生改變，可
能讓肌細胞減少
收縮。

對神經脈衝產生
反應時，減少鈣
離子的釋放可能
造成疲勞。

針對運動神經元和肌
肉之間的突觸，減緩
釋放突觸上的乙醯膽
鹼分子，可能造成疲
勞。

在乙醯膽鹼釋出並引導肌肉收縮後，乙
醯膽鹼會由特化酵素分解。特化酵素的
活性改變可能影響疲勞。

圖 4.8　腦部、脊椎反射動作和神經肌肉節點若改變正常的運作方式，可能導致疲勞。

已經因為先前的運動而疲勞了，但吼叫、音樂甚至口頭鼓勵都可以暫時增加肌肉收縮時的力量。另外，運動意念堅強的運動員也可能過於勉強自己，使身體因為體溫過高而有喪命危險。炎熱天氣下運動可能導致中暑和死亡，而腦部機制雖然會讓運動步調放慢，但有些運動員仍會無視這些能帶來嚴重後果的症狀。

疲勞和過度訓練有什麼不同？

疲勞表示無法繼續進行任務，可能是無法繼續舉起啞鈴，無法在跑步、游泳或騎自行車時維持目標配速，沒辦法對刺激快速產生反應。疲勞的特點就是疲勞屬於短暫現象。在幾分鐘到幾個小時不等的一段時間後，人體就可重新開始體能活動，所需時間長度取決於運動內容。就此而言，疲勞是可以回復的，疲勞跟過度訓練之間大不相同，就是因為這個可回復性。

什麼是過度訓練？

過度訓練（overtraining）指的是在生理上的適應不良和運動表現的衰退，可能為期數天到數星期不等。圖 4.9 顯示體適能提升後的一般進程，如何在達到穩定狀態後更上層樓或是大幅滑落（過度訓練）。

運動動機強的運動員／學員是過度訓練的高風險群，因為他們可能會忽略過度訓練所產生的症狀，一味追求更出色的體態和運動表現。不是只有耐力型運動員會有過度訓練的風險。許多單項運動、體適能訓練、武術、肌力訓練以及其他體能活動需要嚴格的訓練計畫，且往往一天不只一次，經常從事這類項目的人都可能過度訓練。

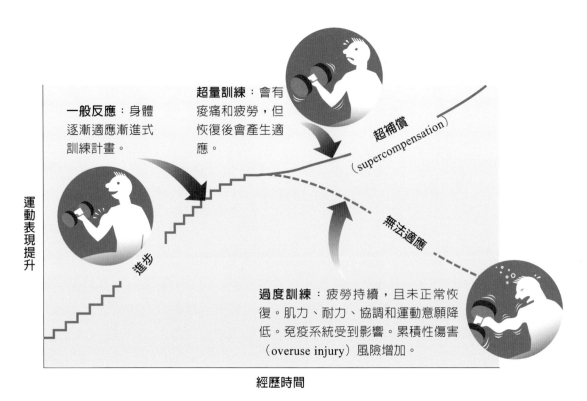

一般反應：身體逐漸適應漸進式訓練計畫。

超量訓練：會有痠痛和疲勞，但恢復後會產生適應。

超補償（supercompensation）

進步

無法適應

過度訓練：疲勞持續，且未正常恢復。肌力、耐力、協調和運動意願降低。免疫系統受到影響。累積性傷害（overuse injury）風險增加。

運動表現提升

經歷時間

▌圖 4.9 過度訓練的特徵是當身體無法適應訓練刺激時，生理上產生適應不良，且運動表現衰退。

過度訓練的起因是什麼？

　　過量的訓練會使身體承受超出適應能力的壓力，不過也有很多其他的壓力源會提升過度訓練的風險。需要在訓練和工作／課業之間尋求平衡的壓力、對於比賽的焦慮、對失敗的恐懼，以及對於達到教練和父母期待的壓力，在在增加了過度訓練的風險。每個人都有自己的方式處理身心壓力，所以毫不意外地，即使接受同類和等量的訓練，有些運動員可以破繭而出，而有些人則會飽受過度訓練之折磨。這種在訓練反饋上的個體差異性，難以先找出過度訓練的高風險群。教練和運動員本身往往要在發生事情後，才驚覺長久以來運動負荷過大。目前科學家還沒有發現到可預測過度訓練的可靠指標，但監測運動時的心跳率似乎是目前最好的方法。圖 4.10 針對一項標準化運動排程，顯示運動心跳率因為訓練而下降的過程。運動心跳率的降低幅度，恰恰反映了該運動計畫是否經過善加設計。在該圖中，當運動員過度訓練（OT）時，運動心跳率會比正常值高 15 到 20 bpm，這意味著身體正在努力適應訓練帶來的壓力。

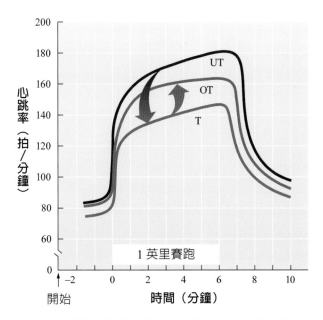

圖 4.10　過度訓練者（OT）的運動心跳率會高於一般狀況（T）下的心跳率。UT 則指同一個人在未受訓狀態下的心跳率。

資料來源：Reprinted, by permission, from W.L. Kenney, J.H. Wilmore, and D.L. Costill, 2015, *Physiology of sport and exercise*, 6th ed. (Champaign, IL: Human Kinetics), 358.

　　你可能聽說過**超量訓練**（overreaching）這個術語，用來描述訓練計畫設計上的一項重要特色。必須要記住的是，超量訓練和過度訓練是不同的。教練和個人訓練師知道，肌力和體適能方面要達到最大進步，需要運動員和健身者經常將自己操練到力竭的狀態（即超量負荷）。做對了，這種訓練方式就能在體適能方面帶來長足進步；沒做對，太多超量負荷就會導致過度訓練。在執教這門學問上，很重要的一件事是掌握好將運動員逼到極限的強度和時機，何時該適時放手，讓他們休息，其中掌握的技巧則需要經年累月培養。

過度訓練引起的常見症狀

- 無法享受運動過程
- 訓練的負荷能力下降（很早感到疲倦）
- 失去動機和活力
- 覺得情緒低落
- 肌力下降
- 協調性下降
- 失去胃口
- 體重減少
- 睡眠受到干擾
- 急躁
- 無法集中精神
- 休息時心跳率起伏
- 血壓起伏
- 常常感冒
- 慢性肌肉痠痛
- 月經週期不規則
- 常發生累積性傷害

在訓練促成的適應變化中，疲勞扮演什麼角色？

　　傳奇美式足球教練文森·隆巴迪（Vince Lombardi）曾有一句名言：「疲勞會讓我們所有人都變得怯懦不前。」在某些情況下言之有理，但每個人也可以拜疲勞之賜，成長為更出色的運動員。誠然，在面對訓練時，人體會蓄勢待發，以適應體能訓練壓力。同樣顯而易見的是適應變化的幅度，會和身體所受壓力的程度直接相關。舉例來說，如果一位運動新手展開了肌力訓練，則肌力的整體增強幅度將取決於訓練帶來的整體壓力程度。換句話說，如果這位新手每週訓練三天，持續六個月，而且在過程中逐漸增加重訓強度，則肌力成長幅度會高於每週只練一次且訓練重量未有太大提升的人。這兩者之間的訓練壓力有極大的不同，因此適應變化的整體幅度勢必有所差異。

　　而整體壓力的一項明顯指標就是疲勞，這裡指的並不是那種和過度訓練有關的全天持續性疲勞，而是在訓練排程內的週期性疲勞，這不是說每一次訓練排程都會發生，而是以每週訓練六天的人來說，至少一週會發生兩次。無論是在肌力訓練時單一肌群疲勞，或是耐力型訓練時整身疲累，人體每次感到疲勞時，肌細胞就會接收到成千上百的細胞間訊號，進而在後續幾天內增加蛋白質的生成。這些蛋白質包括收縮性蛋白質，可以提升肌力和肌肉量；也包括粒線體蛋白質（mitochondrial protein），能讓身體有更好的耐力；或者是結構性蛋白質，可以讓肌肉和結締組織面對受傷時有更強的耐受力。

　　要增加訓練適應上的反饋，必須要有細胞間訊號的傳遞，而由於週期性的疲勞會將細胞間訊號增強到最大幅度，因此運動過程中的疲勞會將適應反饋最大化。疲勞如果過於頻繁，則會是過度訓練的前奏。身體需要時間促進適應變化，這就是為什麼執教有方的教練都知道不能每天都將選手操過頭，而會在高強度的訓練後減少一到兩天的訓練壓力，給身體時間形成適應變化（和修復），使運動員得以漸進、持續地增加所承受的運動壓力。充足的休息、睡眠、補充水分和營養，對於最佳化的適應反應都是不可或缺的。

PART II

科學化的訓練計畫設計

第 5 章

訓練計畫的設計原則

基於實證科學原則所制定的訓練計畫,能同時提升肌力、爆發力、耐力、敏捷性和柔軟度。

在體適能方面想達到設定目標,應該如何設定運動強度、時間長度和頻率呢?不論是一般認知還是科學研究,都無法簡單回答這個問題,因為若要設計出有效的訓練計畫,有太多因素要考慮。訓練者的目標和期待是什麼?這些目標和增進運動表現、減少體重、改善心血管健康或增加肌肉量有關嗎?預定什麼時候達到目標?兩個月?半年?一年?一週有多少時間可以投入訓練?訓練者年紀多大?有多少運動經驗?一項訓練計畫的期望和限制,取決於前述與其他問題的答案,因此,如何解答問題,會是確立訓練菜單的基礎。

訓練計畫如果難度太高,運動員或接受個別訓練的學員可能導致受傷和過度訓練症候群。要是難度不夠高,又無法促成最佳適應變化,便無法達成目標。訓練計畫如果過於僵化,會忽略個體間的先天差異。要達到最佳的訓練適應,訓練份量是否太多、太少還是恰恰好,其中的平衡拿捏在個體之間的差異甚大。

訓練計畫的基本設計要素有哪些？

　　速度、耐力、敏捷性、肌力、爆發力、肌肉量、減重——不論訓練計畫的目標是什麼，都必須考慮到五大原則：個別性、特定性、可逆性、漸進式超量負荷以及變化性。要設計出成功的訓練計畫，這五項科學化原則將構成計畫的結構。

設計訓練計畫的五大原則

- 個別性（individuality）：對於相同內容的訓練，有些人適應迅速，有些則較為緩慢。
- 特定性（specificity）：訓練模式和訓練強度不同，會產生不同的適應變化。
- 可逆性（reversibility）：訓練促成的適應變化可能很輕易就會消失。
- 漸進式超量負荷（progressive overload）：逐步增加訓練負擔，有助於進步。
- 變化性（variation）：針對訓練的模式、期間、強度和頻率進行適當變化，可以將身體的適應變化最大化，並減少過度訓練的風險。

個別性

個別性原則反映了每個人於運動的壓力在先天上適應能力的不同。圖 5.1 顯示了對於相同內容的訓練，有些人適應快，有些人慢。換句話說，對於不同的人來說，即使訓練刺激相同，能激發的適應程度與速率也不同。第 1 章曾提到，對於適應反饋的個體差異，主要取決於基因，即有些人適應得很快（高度反應者），有些人則較慢

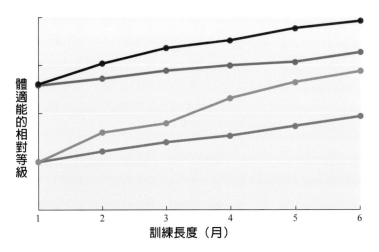

圖表圖例：
- 初期屬高體適能等級，對訓練反饋程度高：訓練後有大幅度進步。
- 初期屬高體適能等級，對訓練反饋程度低：訓練後有小幅度進步。
- 初期屬低體適能等級，對訓練反饋程度高：訓練後有大幅度進步。
- 初期屬低體適能等級，對訓練反饋程度低：訓練後進步速度慢。

縱軸：體適能的相對等級
橫軸：訓練長度（月）　1　2　3　4　5　6

圖 5.1　初期體適能等級和對訓練反饋程度兩項因素，都會受到基因影響，個體之間互有差異。設計有效的訓練計畫時，要考量到在體適能方面，每個人起跑點不同，而受限於適應訓練的能力有個別差異，進步幅度也有很大的不同。

高強度間歇訓練

對於過去無受訓經驗或體能活動偏休閒性質者，高強度間歇訓練（HIIT）是可代替傳統耐力型訓練的有效選項，尤其適用於訓練時間有限者，以及心理上尚未準備好要應付耐力型訓練要求的人。已有研究顯示，兩週內只要進行六次的 HIIT 訓練（每次大約 15 分鐘的高強度飛輪）就能提供足夠的刺激，改善運動能力和其他代表耐力提升的指標。HIIT 的執行型態通常是在反覆、短時間、高強度的劇烈運動，中途穿插可作為休息的低強度運動，所以兩週內花費於訓練上的時間總共僅約 2.5 小時。據專家建議，耐力型運動員若將訓練計畫的 10% 至 15% 以 HIIT 的方式進行，其餘多數內容則以低強度執行，就可將訓練效益最佳化。HIIT 可透過在最少時間投入最多心力，來提升最大耗氧量，並改善心血管健康的指標。

資料來源：Gibala, M.J., & Jones, A.M. (2013). Physiological and performance adaptations to high-intensity interval training. *Nestle Nutrition Institute Workshop Series, 76*: 51-60.

（低度反應者）。基因上的差異，決定了運動表現發展的起點和終點。在爲每一位學員設計個別訓練計畫時，訓練員需要將個人獨有的特性納入考量，以縝密的方式調整運動的強度、期間、頻率、模式、休息、營養和水分補給，讓學員能將運動適應潛力最大化。

特定性

　　特定性原則指大多數的訓練都需要根據運動或活動的特定需求來安排。訓練的強度和模式，會產生個別的特定適應變化。

　　一般認爲肌肉和其他組織的適應變化，會針對所承受的特定壓力而產生。肌力和肌肉量的增加主要仰賴訓練上的適應能力，而透過阻力訓練計畫來刺激肌肉內生成收縮性蛋白質和結構性蛋白質，便能將適應變化最大化。若要改善耐力表現，訓練設計上，必須增進粒線體蛋白質的生成和心肌組織的適應變化，讓身體能夠負荷長時間運動的需求。第 8 章會探討高強度、短時間的訓練方式（HIIT），這種訓練方式可以同時增加無氧和有氧運動的爆發力與運動能力，屆時的結論會和特定性原則的解釋略有出入。當談到特定活動或運動時，特定性原則有其道理：如果要增進活動中的運動表現，主要應該用和該項運動相同模式的運動方式來進行訓練。以游泳選手爲例，即使積極者常常會重訓、跑步、踩自行車，並於訓練菜單中納入**增強式訓練（plyometric training）**和其他體適能活動，但多數時間仍是在泳池裡訓練。

　　在某些運動項目的訓練計畫中，應以一般訓練爲主，以該運動單項的特定訓練菜單爲輔。以想嘗試三鐵的新手而言，在剛展開訓練計畫時，應該從一般訓練著手，讓體適能達到基本水準後，再納入三鐵的特定訓練內容。這個方式能幫助受訓者建立起基本訓練技巧，並降低訓練相關傷害的風險。

在許多單項運動的特定性訓練中，離心收縮訓練是重要項目。離心收縮訓練不僅能增加肌肉量和肌力，也可以改善肌肉的運作功能，像是吸收衝擊力，以避免落地相關傷害，在滑雪、冰球和美式足球等運動中，也能應付這些項目伴隨的強大外來負荷。

可逆性

可逆性原則指的是，當訓練停止或明顯減少時，訓練促成的適應變化也會喪失。事實上，訓練帶來的適應變化是很容易消失的。

在訓練上投入時間和努力後，會激發肌肉、心臟和其他組織產生適應變化，讓身體能耐受更高層級的運動強度和長度。但同樣地，如果訓練減少或中止，這些適應變化就會消失或大幅減少（見圖 5.2）。然而，若無法持續執行完整的訓練計畫，改採用維持性訓練計畫（maintenance training program）至少可以留住大部分的身體適應變化。

漸進式超量負荷

漸進式超量負荷的原則是所有訓練計畫的基石。為了將訓練促成的適應變化最大化，訓練負擔（包括強度、時間長度、頻率和模式的搭配）應逐漸增加，使肌肉、心臟和其他組織承受漸進式負荷，以提供足夠壓力來激發適應變化。幾乎任何方式的訓練，只要能讓身體超出平常習慣的運動強度，便能引發各類適應變化，增加運動能力。然而，過

阻力訓練會促成的適應變化，包括增加運動單元的徵召、收縮型肌細絲以及肌肉量（部分取決於阻力訓練的類型）。本章列出其他身體適應變化。

研究發現，短期停訓時，過去訓練所增加的肌力在前三週可以維持住，之後會加速流失。

耐力型訓練會增加心輸出量、最大耗氧量（$\dot{V}O_{2max}$），以及無氧閾值。第 9 章將介紹更多其他身體適應變化。

增強式訓練可以改善神經肌肉的協調，並能提升速度和爆發力（會在第 8 章說明）。

多的訓練會凌駕身體的適應
能力，造成過度訓練的情
形，即身體無法適應訓練，
導致訓練承受能力和運動表
現明顯下降——這樣的風險
會一直存在訓練過程中。另
外，在訓練負荷持續超出個
體適應能力時，脛前疼痛症
候群和關節痠痛等累積性傷
害的發生也很普遍。逐漸增
加整體訓練負荷，才能誘發
最大的進步。

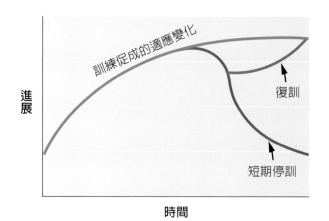

圖 **5.2** 短期停訓會失去訓練帶來的適應效益，但受過訓的人一旦復訓，適應的速度將比沒有接受訓練的人還快。

變化性

　　變化性原則（principle of variation）也稱為週期性原則（principle of periodization）。在概念上，本原則認為對訓練模式、強度、時間長度和頻率賦予變化，可有效維持訓練負荷，來達到最大的適應變化，並使過度訓練的風險降到最低。

區段週期訓練（block periodization）

　　週期性訓練計畫由於需要建立短期和長期的計畫與目標，因此這類訓練計畫可以提供一定程度的幫助。週期化訓練的挑戰之一是，可以設立的目標很多，導致訓練過程中身心難以承受。相對於體適能訓練，單項運動訓練在採用週期性訓練時，更應該注意此一考量，因為單項運動訓練會需要發展許多特定技巧，使週期性訓練計畫的設計和執行變得複雜。替代方案之一是加入多區段的特定訓練週期，讓訓練重點集中在一些體適能特別項目或運動技巧，根據之前設立的體適能或運動表現目標，建立承上啟下的中週期訓練計畫。理論上，區段週期性訓練可以減少操之過急引起的過度訓練風險。此外，區段週期訓練也能讓運動員與學員將訓練聚焦於較少的短期目標，以在邁入下一個訓練區段前，增加長足進步的可能性。

資料來源：Issurin, V.B. (2010). New horizons for the methodology and physiology of training periodization. *Sports Medicine, 40*(3): 189-206.

教練和個人訓練員都認知到，反覆執行同樣方式的訓練會導致生理和心理上的疲乏，並會對最大化訓練適應產生反效果。因此，長期訓練計畫應該添加變化性，在維持適量訓練壓力的同時，針對模式、強度、時間長度和頻率給予變化。在週期性訓練計畫中納入大週期、中週期和小週期，就是變化性原則的一個例子。

訓練計畫要有效果，關鍵是什麼？

如果說要達成訓練目標，需要做的只有比前一天再努力一點點，那會是輕而易舉的事情，因為只要每天都增加運動壓力，身體會持續適應，體適能便會持續進步——但如此順遂的想法，未免也太理想化了。

圖 5.3 中，例 A 顯示在每天能進步的情況下，所能達到的進步程度；例 B 說明了執行例 A 的訓練模式後，若操之過急又無足夠休息，往往會引發過度訓練症候群；例 C 則針對漸進式超量負荷訓練計畫的設計，呈現了其循序漸進的特性，包括將一些時段的負荷量減少。如此一來，身體得以在訓練負擔逐漸增加之前，針對訓練壓力獲得常態性適應。

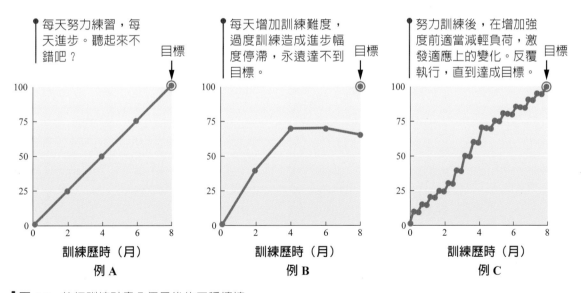

圖 5.3　執行訓練計畫八個月後的三種情境。

　　漸進式超量負荷的鍛鍊方式，有多種變化型態，但共同處是訓練負荷的提升和下降區段會相互交錯。這些週期會先讓身體承受壓力一段時間（產生刺激或超量訓練），再透過另一段時間讓身體調適（產生反饋）。在每一段週期的整個期間，都需要足夠的休息、營養和水分補充，透過這些促進因子，將目標的適應變化最大化，並減少過度訓練的風險。

　　由於每一項訓練計畫都要考量到許多因素，所以漸進式超量負荷訓練往往有無窮盡的設計變化性。舉一個明顯的例子來說，中學美式足球員的訓練計畫跟大學美式足球選手的訓練計畫，有著相當程度的差異。同樣地，一名大學游泳選手的肌力訓練計畫，和想要靠游泳來讓身體線條好看的 44 歲職業婦女相比，也會有明顯的差別。表 5.1 彙整了設計任何訓練計畫時都應該要考量的因素。這十項問題的答案，可以幫助針對運動員／學員的個別需求、興趣和目標來量身設計訓練計畫。

表 5.1　三位學員的運動計畫設計實例

問題	安娜	丹	約翰
學員／運動員年齡多大？	32 歲	26 歲	55 歲
有什麼目標？	參加一場標準鐵人三項。	跑一場全程馬拉松。	增肌、減脂。
在單項運動或是體能鍛鍊上，有多少經驗？	高中曾練過田徑兩年。大學期間與畢業後有定期參加體適能課程。	高中參與過田徑賽和越野賽。以田徑項目獲得大學獎學金。	高中是高爾夫球校隊。曾參加當地路跑完賽。平時喜歡腳踏車和舉重。
運動技能的程度如何高？	游泳和自由車是初學者。跑步方面曾受過訓練。	非常優異。大學期間跑一英里賽跑的成績為 4 分 2 秒。已研究過全馬訓練計畫。	平均以上，似乎很有運動細胞。已經嘗試過很多體適能日常訓練。
有受傷或健康方面的問題嗎？	沒有。曾經在高中的田徑賽季時出現脛前疼痛症候群。	無。	週期性出現的下背痛。
有多投入訓練？	看起來對於嘗試新事物感到興奮，並表示必要時會自主練習。	非常投入。可能會有過度訓練的風險。	願意在上班前或下班後訓練。
對運動或活動的整體興趣有多高？	對投入鐵人三項感到興奮，因為很多朋友也在玩三鐵。	希望能讓完賽時間低於 2 小時 20 分。	渴望在年齡增長的同時，維持肌力和肌肉量。
在運動意念和技巧上有多少優勢？	在這兩方面都還剛起步。現在判斷能不能發展出競爭優勢仍言之過早。	非常有競爭力。擁有競速比賽的經驗，知道如何訓練。	比起競賽本身，身體組成和體適能的改變才是最重要的。

問題	安娜	丹	約翰
有多少時間能投入訓練？	願意每週至少訓練 3 天。	願意每週訓練 6 天。	覺得自己每週可以訓練至少 4 天。
達成關鍵目標的期限是何時？	3 個月後的半程鐵人三項（半鐵）。5 個月後的標準鐵人三項（標鐵）。	4 個月後是全馬處女秀，下一場全馬則是半年後。	希望能在 4 至 6 週內看到效果。

目標就是促成適應變化！

在本書中，**適應變化（adaptation）**一詞之所以一直被提及，是因為訓練就是要讓肌肉和其他組織的適應變化達到最大。回顧先前所提的，所有的適應變化之所以會發生，是因為個體細胞生成了更多的功能性蛋白質，像是酵素、傳訊分子、收縮性蛋白質和結構性蛋白質。細胞內的功能性蛋白質增加，代表細胞為了達到運動需求的負荷能力上升。以下有三個例子：

1. 在肝細胞內，功能性蛋白質的適應變化會增加肝臟儲存肝醣的能力，這些肝醣可用於調節運動時的血糖濃度。
2. 在骨骼肌細胞中，功能性蛋白質的適應變化會使細胞在生成 ATP 的能力上，可以更快、更持久（相較於許多其他的身體適應表現）。
3. 對血管細胞而言，功能性蛋白質的適應變化會為血管提供更出色的舒張和收縮能力，以應付運動期間血流量不斷變化的需求。

超量，但不超過

細胞內功能性蛋白質會產生適應變化，在訓練過程中，這是一種針對**超量訓練（overreaching）**的反饋，帶動身體，使身體自然而然地適應逐漸提升的運動壓力。設計任何訓練計畫時，最核心的難題是確保避免超量訓練變成過度訓練。想要達成這個目標，其中一個方法是遵循**漸進式超量負荷原則（principle of progressive overload）**，如圖 5.4 所示。

圖 5.4 的示例為一項為期 8 個月的訓練計畫，針對其所包含的特殊目標（可能是針對減重、肌力、運動表現、代謝當量〔MET〕訓練相關等等），說明訓練計畫如何分成數個訓練區段，又稱為**週期（cycle）**。在這個示例中，訓練分為前後兩次各 4 個月的**大週期（macrocycle）**，其中含若干次要目標，透過完成次要目標來逐步達成

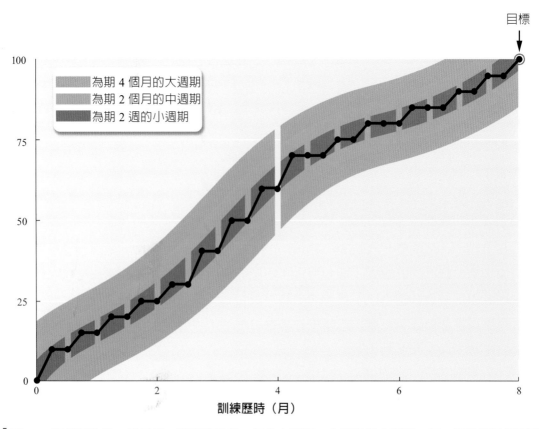

圖 5.4 圖例是為期 8 個月的一項訓練計畫，包含大週期、中週期和小週期。每一週期都有個別目標，涵蓋項目包含運動模式、強度、時間長度、頻率和休息。

主要目標。再依樣畫葫蘆，用同樣方式區分出為期 2 個月的**中週期**（mesocycle），以及為期 2 週的**小週期**（microcycle）。透過把訓練計畫區分成數個區段，可以讓每一區段都設立要實踐的特定體適能目標，進而逐步達成最終的訓練目標。即使小週期內的進步有限，仍可以透過調整後續的訓練，來確保之後的訓練可以成功達成次要目標。

　　舉例來說，假如有一位 42 歲女性，過去有一些 5 公里（3.1 英里）當地路跑參賽經驗，現在想要為 8 個月後的半馬（13.1 英里）比賽訓練。訓練計畫中每個月的小週期目標就可以設立為定期增加每週的訓練里程數，如此一來，在第七個小週期時，每週里程數可達到 25 到 30 英里（約 40 至 48 公里），在賽前最後的小週期逐漸減少里程數。在各為期 2 個月的中週期方面，目標可以設定為逐漸增加平均配速；在為期 4 個月的大週期方面，目標是 5 公里跑步時間能減少 10%。顯而易見地，有很多種方式可以建構各個小週期、中週期和大週期，從中訂定短程和長程目標，來引導訓練方向；同時，藉此設立有激勵性的里程碑，讓運動員和學員投入挑戰，並在心理上獲得刺激感。

　　圖 5.4 中要注意的是，訓練承受能力的每一次增加（藍色斜線），都會伴隨著一段訓練負荷高原期，即達到高點後停滯，而有些個案中，訓練負荷甚至會下降。週期性降低訓練負荷（數天甚至更長的時間），可讓功能性蛋白質透過適應變化生成，同時減少過度訓練的風險。記得圖 5.4 只是一個示例，說明漸進式超量負荷原則如何融入訓練計畫中，並納入大週期、中週期和小週期。除了讓目標和訓練方式保有變化性，訓練計畫的長度也可以有各種變化，針對大、中、小週期的時間長度和次數，進行整體排程。

　　在重要賽事前，訓練負荷應該逐漸減少，讓訓練上的各種適應變化最大化。這種減少訓練負擔的方式通常被稱為**訓練遞減計畫（tapering）**。針對游泳、跑步和自由車運動員的研究證實，最好的遞減策略是在重要比賽前兩週執行遞減，在不修改運動頻率和強度的情形下，減少訓練量的 40% 到 60%。舉前述半馬跑者為例，她可以將最後兩週的訓練里程數從每週 30 英里（約 48 公里）減少到每週 15 英里（約 24 公里），但仍維持每週訓練天數（頻率）和配速（強度）。

運動員如果過度訓練，會降低其最大耗氧量、心輸出量、收縮壓和血液循環中的腎上腺素含量。

關於過度訓練的小知識

　　多數運動員和學員都會積極投入訓練，以達成目標。不過有時候認真過頭，卻造成了過度訓練，也稱為**過度訓練症候群（overtraining syndrome）**。過度訓練不是好事，因為無法僅休息幾天就恢復。有時運動員甚至需要休息半年以上，才能緩解過度訓練帶來的所有症狀，期間會是一段很令人挫折、難熬、灰心喪志的時光。因此必須知道其中後果有多不堪設想，同時對過度訓練有所了解，才能防範未然。

　　如第 4 章所述，過度訓練的症狀包括肌力、協調性和耐力下降、無法保持動機和享受訓練過程、心情鬱悶、喪失胃口、體重下降、睡眠障礙、變得急躁、缺乏專注力、心跳率和血壓改變。過度訓練是很多複雜因素交互形成的結果，這些因素發生的部位包括神經系統、內分泌系統、免疫系統以

及肌肉骨骼系統。

　　過度訓練會讓身體無法完成適應變化。雪上加霜的是，運動員的表現不只是到了撞牆期，還出現退化的狀況。儘管目前並無信度夠高的血液檢測可預測過度訓練症候群，值得慶幸的是，在進行標準運動項目時，針對運動中的心跳率定期監測，應能有效預測過度訓練，藉此停訓休息幾天。另外，即使選手在性情、訓練投入度，以及訓練承受度上未出現不良變化，但有經驗的訓練員和教練往往能發覺運動員／學員有過度訓練的徵兆。有時要說服運動員暫停訓練是很困難的，然而這可能是避免過度訓練症候群的唯一方法。

過度訓練的部分成因

過度訓練可能是因為以下因素產生變化：

- 腦部的神經傳導物質
- 腦部結構
- 運動神經元的功能
- 荷爾蒙的反應
- 免疫系統的反應
- 肌肉的功能

訓練相關術語

　　大概沒有多少東西可以比落落長的字彙表更無聊了。不過在本書中，了解相關的專業詞彙和意義是很重要的。舉例來說，如果有運動員想要提升敏捷性而詢問你的意見，你們雙方對於**敏捷性**（**agility**）的認知就需要一致，這樣你的解讀和對方的期待才不會含糊不清。現在知道這件事的重要性後，可參考下表所列若干術語的正式定義，以及該術語的情境例句。

　　適應變化（**adaptation**）：身體為了能適應新環境或狀態，而產生各種改變的過程。例句「運動訓練可以帶來肌細胞方面的**適應變化**，增強細胞生成能量的所需能力，提升運動表現。」

　　敏捷性（**agility**）：快速而精確地變換方向的能力。例句「她今年球季對球隊貢獻很大，因為她在防守上的**敏捷性**提升了。」

　　時間長度（**duration**）：一項活動的歷時長短。例句「在下一個訓練排程，我們要增加折返跑的時間長度，提升你們的**訓練負荷**。」

　　耐力（**endurance**）：肌肉或心肺功能抵抗疲勞的能力。例句「要提升第四節的表現，你必須提升**耐力**。」

　　疲勞（**fatigue**）：身體無法繼續執行任務，通常和暫時性的疲累感有關。例句「為了讓肌肉促成最大的適應變化，必須固定運動，獲得疲勞感。」

　　強度（**intensity**）：需要投入的程度。例句「增加折返跑的**強度**，可以改善無氧和有氧兩種體適能。」

　　模式（**mode**）：一種事物的特定形式或種類。例句「我們會頻繁更換運動**模式**，以免身心太習慣同樣的動作。」

　　超量負荷（**overload**）：比平常活動還大的訓練壓力或負荷量。例句「你需要讓肌肉經常承受**超量負荷**，以產生更好的適應變化。」

　　超量訓練（**overreaching**）：以有計畫、有系統的方式，讓身體承受超過平時活動的負荷。例句「每一項有效的訓練計畫，都會導入**超量訓練**的概念，並於之後安排休息期間或減少訓練負擔的期間。」

　　過度訓練（**overtraining**）：持續承受訓練負荷，超過身體能負擔的能力。例句「那支球隊在季賽常常表現不佳，因為他們的教練不懂超量訓練和**過度訓練**的差別。」

　　過度訓練症候群（overtraining syndrome）：身體無法適應訓練強度，症狀是運動表現與訓練承受度下降，為期數週到數個月。例句「過去兩季，在教練堅持每天練習的要求下，她飽受**過度訓練症候群**所苦。」

　　週期性（periodization）：將時程區分成數個時段。例句「要讓運動員的身體有效承受漸進式超量負荷，方式之一就是使用**週期性**的方法來設計訓練計畫。」

　　爆發力（power）：能完成動作的程度指標。對於運動員、競賽馬匹和引擎來說，爆發力的原理大同小異。提升運動表現往往會需要增加爆發力。例句「美式足球的線衛只要減脂，就能提升**爆發力**。」

　　次數／下（repetitions/reps）：反覆進行運作中動作的數目。例句「你變得更有力後，我們會慢慢增加臥推的**次數**。」

　　組（set）：相同動作次數的群集。例句「研究顯示每次訓練進行 3 組、每組 8 到 12 下，應對增加肌力最有效果。」

　　速度（speed）：移動的快慢。數學上，速度是行進過的距離除以行進時間。例句「我們可以擬一項訓練計畫，來提升你四十碼衝刺的**速度**。」

　　肌力（strength）：肌肉施放力量的能力。例句「正確的阻力運動，可以幫助老年人提升抓握的**肌力**，讓日常生活中的動作更輕鬆。」

　　訓練遞減計畫（tapering）：為了有最好的表現，在重要比賽前減少訓練負荷。例句「距離州冠軍賽只剩三個禮拜，差不多準備好要展開**訓練遞減計畫**。」

　　訓練變數（training variables）：訓練計畫中可以控制的項目，像是強度、時間長度、模式和頻率。例句「我們的訓練計畫中，包含逐漸調整**訓練變數**。如此一來，學員能進行超量訓練，卻不會出現過度訓練的狀況。」

　　訓練量（training volume）：訓練變數相關項目的累計量。例句「你可以個別或一併增加訓練頻率、時間長度和強度等項目，來提升**訓練量**。」

　　功（work）：數學上指施力（force）乘上位移（distance）。例句「當爬一段樓梯時，你無時無刻都在作**功**。」

　　訓練負荷（workload）：預期、指定或已達成的訓練量。例句「你們短短這幾週就很有進步，所以下週會增加**訓練負荷**。」

第 6 章

利用訓練提升
肌肉量和肌力

透過徵召更多運動單元並藉飲食調整生成新的肌肉蛋白，肌肉會對阻力訓練迅速促成反饋。

在這張圖中，你可以看到脹大的二頭肌竭盡全力地拉起槓鈴，前臂的肌肉也投入運作，讓手腕能停在出力的位置。此時，從腦部傳出的神經脈衝已經喚醒手臂收縮肌中的運動單元，同時也喚醒了軀幹和腿部各種肌肉，來穩定整個動作。圖中的健身者在感到疲勞之前，應該可以承受這樣的重量，並完成反覆多次動作。如果他的目標是建立二頭肌的肌肉量和肌力，他應該完成多少次以及多少組的動作？他訓練時應該舉多重？一週應該訓練幾次？練肌力多久後，開始產生報酬遞減，鍛鍊效益不再那麼高？換個方式問，要增加肌肉量和肌力，一週五次、每次一小時的肌力訓練，會比每週只進行一到兩次不到一小時的訓練還要有效嗎？

長久以來，增加肌力的技術一直是運動訓練的核心之一，所以你可能會覺得，發展到了現在，運動科學家和訓練員會知道什麼方式對於建立肌肉量和肌力是最好的，但其實不然。事實上，肌力訓練的執行多寡和頻率該如何界定，才能促使細胞有最大的適應變化，進而增加肌力和肌肉量，相關爭論仍是未定之天，各學者研究結果各異，讓爭議的熱度更加沸騰。在開始本章之前，先複習一下要增加肌力和肌肉量時，人體須發展出什麼生理變化。

肌力和肌肉量要如何提升？

在第 1 章曾提到，透過肌力訓練，中樞神經系統和肌肉細胞內會產生若干適應變化。

對於肌力訓練的新手或是已至少停訓數月的人來說，肌肉力量會在訓練開始之後快速提升。這種肌力上的提升並不是因為肌肉收縮性蛋白質的增加，而是和運動單元的徵召數量增加密切相關。隨著神經系統徵召更多運動單元，因為每次收縮都有更多肌肉參與其中，所以力量的產生（肌力）也隨之提升。久而久之，肌細胞開始製造更多蛋白質（肌動蛋白、肌凝蛋白、肌鈣蛋白、肌旋蛋白、肌聯蛋白與其他多種蛋白質），藉此適應肌力訓練給身體的持續壓力，而肌肉量也因此增加。圖 6.1 所列的數項因子，決定了肌肉量會因為肌力訓練而增加多少。

關於肌力訓練能增加多少肌肉量，基因是最顯著的影響因子。有些人就是天生缺乏能大量增肌的體質，但其他人卻可以。一個人肌肉量能增加的程度，主要取決於基因型（genotype，自身繼承的基因組合）。在該類肌肉的量和所有其他細胞特徵方面，基因型決定了某種上限——這是典型先天決定後天成就的例子。然而，每個人都可利用適當的訓練計畫來增加肌肉量和肌力，那是因為表現型（phenotype）由基因型和環境交錯決定。兒童時期的體能活動程度、開始進行肌力訓練的年齡、進行肌力訓練歷時多久、飲食，以及目前的肌力訓練方式等，都是會影響肌肉量的環境因子。此外，年齡和性別也會有影響。

肌力訓練促成的適應變化

- 徵召更多運動單元
- 運動單元獲得更多頻率的刺激
- 能同步徵召更多運動單元
- 減少運動單元的抑制
- 增加肌細胞的大小（肌肥大）
- 可能會少量增加肌細胞數量（肌肉增生）
- 提升骨密度和骨骼強度
- 提升韌帶和肌腱強度

肌肥大的成因

- 收縮性蛋白質（肌動蛋白和肌凝蛋白）增加
- 結構性蛋白質增加
- 肌漿增加
- 肌原纖維增加
- 結締組織增加
- 細胞內水分增加
- 肌細胞增加（可能因素）

任何種類的訓練都會影響表現型，至少會延續到訓練結束和適應變化消失。肌力訓練促成的刺激，目的是喚起身體的適應性反饋：增加蛋白質到肌細胞內，可產生更多力量，同時增大個別細胞，最後形成整體肌肉的壯大。肌力訓練會觸發肌肉內的訊號，刺激細胞核，大量生成更多收縮性蛋白質加入肌細胞。換句話說，有效的肌力訓練可以增加肌肉蛋白質的合成：每個肌細胞內諸多細胞核中的 DNA，會和細胞內的傳訊分子交互作用，進而產生蛋白質。基因型會決定細胞核對於肌力訓練的反饋程度，因此在達到基因型設定的上限前，能有多少新的肌肉蛋白質生成，亦是由基因型決定的。

▌圖 6.1　影響身體肌肉量的因子。

提升肌力和肌肉量的最好方法是什麼？

　　英文中，會形容肌肉有強大的可塑特質（plastic），這邊的「塑」當然跟塑膠無關，而是指肌肉有非常強大的能力來快速適應變動的狀況，這種特質即是**可塑性**（**plasticity**）。訓練後數天內，肌肉會產生適應變化，但停訓沒幾天，這些變化又會開始消失。當手臂被裹上石膏，或長期臥床，肌肉就會萎縮。也就是說，蛋白質會明顯減少，肌肉會縮小且肌力減弱，不過這些改變都可以透過訓練來恢復。本節會著重在肌肥大，以及提升肌力與肌肉量的最佳方式。

　　先前已經提過，肌細胞會使功能性蛋白質增量，這是一種針對訓練的反饋，可透過適應變化，讓肌細胞能提升運作的能力。只要肌肉持續處於漸進式超量負荷的情況下，功能性蛋白質的增量也會持續，最終上升到基因型所設立的極限值。肌力訓練如果操之過急，不只會增加受傷風險，也導致超量負荷，甚至過度訓練，會造成功能性蛋白質生成的減少（第 5 章曾探討過）。訓練量必須恰當，才能漸進地提升肌力和肌肉量。所以什麼是恰當的訓練量？要做多少組？每組多少下？訓練頻率又該如何設定呢？

女性能只提升肌力，而不大量增肌嗎？

　　先說結論，答案是「可以」。要記住，訓練初期肌力會先顯著增加，之後才有機會看到肌肉量提升，這些肌力的增加和徵召到更多運動單元有關。女生若想要提升肌力和肌肉功能性，又不想有大肌肉，可以採用比較輕的重量進行訓練，並根據重量量身訂做長程訓練計畫。肌力訓練會促成肌肉變大，但肌肉大小的增加程度取決於基因和肌力訓練的種類；訓練影響增肌量的另一重大因素為睪固酮的生成。睪固酮是一種代謝合成的雄激素類固醇，換句話說，睪固酮會促進代謝合成反應，像是肌肉量及肌力的提升，其中伴隨阻力訓練和雄激素反應，如體毛增長和聲音變低等青春期男性特徵。雌激素是女性體內主要的性荷爾蒙，直接產自睪固酮。因此，所有女性體內產生的睪固酮量較少，這導致在肌力訓練帶來的代謝合成反饋上，女性表現會比男性弱，也就是說，男性因為體內睪固酮含量較高，因而訓練上會有更多良性反饋。睪固酮來自膽固醇，雌激素則會在卵巢和脂肪細胞內由睪固酮生成。訓練後，雌激素會對肌肉和結締組織產生何種影響，目前所知不多。

阻力訓練通則

　　本節根據目前公開的研究結果，彙整出設計肌力訓練計畫的一些實用技巧。無論是新手想展開體適能訓練、運動員想提升其專項運動的肌力，抑或是健美選手想拚命增加肌肉量——不論肌力訓練計畫的目標為何，這些原則都可以適用。當然，必須要注意的是，每個人都應該先學會適當的運動技巧，並在學會如何練到力竭的程度之前，先在低強度的計畫中投入足夠的時間體驗訓練內容。肌力訓練計畫可以依據這些原則發展出各式各樣的變化，所以在設計和個人化肌力訓練時，應該把這些原則納入考量。

　　一週一次或兩次：肌力練愈多，沒有比較好，也不需要。這並不是說即使想要，也不能或不應該練得更多，而是單一肌群就算訓練超過一週兩次，也不會大幅提高肌力和肌肉量。換句話說，一項訓練計畫裡有週一和週三鍛鍊手臂、肩膀、胸廓和背部，週二和週四鍛鍊腹部、臀部和腿部，這樣才是遵循一週最多訓練兩天的原則。

　　一組 8 到 12 下：每一組訓練的祕訣是達到**暫時性的肌肉力竭**（**temporary muscle failure**），舉起一個足夠重的重量，只要 8 到 12 下後就能形成疲勞，這個過程能夠給予最大的訓練刺激，進而產生最大化的適應變化。做更多組或增加每一組次數，都無助於增加肌力或肌肉量。在進行每個最重組別的訓練之前，先做一組暖身運動，是降低傷害風險和準備好投入最重訓練的理想方法。一旦最重組別可以做到超過 12 下，就可以增加阻力。當然，重度重量阻力訓練並非適合所有人，如果有多組需要超過 12 下，當然也可提升肌力和肌肉量，前提是肌群持續性運動直到力竭，只是每次鍛鍊要花比較多的時間來達成目標。舉例來說，一項為美式足球線鋒打造的肌力訓練計畫，可能包含 3 組、每組 8 下的重度重量阻力訓練，然而針對同一隊的防守後衛，其訓練計畫可能是在暖身運動後進行 1 到 2 組、每組 20 下較輕但動作較快的阻力訓練。表 6.1 示範了一項 20 分鐘的肌力訓練內容，目的即是提升肌力和肌肉量。

肌力訓練會給予肌肉各式各樣的刺激，相互作用，提升肌肉內蛋白質的合成。這些刺激包括影響肌細胞的機械應力（mechanical stress）、使運動單元徵召量增加、使活動中肌細胞脹大；訓練後荷爾蒙增加，如睪固酮、生長激素、類胰島素生長因子（第 1 型）；累積訓練時的代謝產物如乳酸；還有增加自由基的生成（例如活性氧物質）。前述刺激全部交錯作用，決定了肌肉蛋白質合成的整體增加幅度。

隨時準備好：所有動作都需要先放鬆，且肌肉收縮和舒張兩方向都準備好要承受最大訓練壓力，才進行訓練。動作如果太急促，形成的動量（momentum）會減少肌肉整體承受的壓力，提高受傷的風險。

器材不是問題：用什麼器材都可以，只要能夠做到暫時的運動力竭就行。有些類型的運動器材的確擁有舒適、穩定、活動度足夠、關節承受力穩定、器材占地小和其他方面的優勢，但提升肌力並不需要多高檔的設備，如果你抱持懷疑，跟農夫比一下腕力，你就知道了。

嘗試單手／單腳：不論是胸推、二頭肌彎舉或深蹲，試著一次只訓練單臂或單腿，這樣會需要核心肌群參與來讓身體穩定。這也意味著有多種肌群進行訓練，對於整體的肌力發展是有幫助的。

交錯進行：不需要積年累月一直反覆同樣的運動，一旦肌肉訓練到暫時力竭，就會提升肌力和肌肉量。

生得好，很重要：你的基因型決定了對於運動的反饋程度，肌力訓練也不例外。如果肌肉很快就能練得更強壯、更有彈性，要感謝你的父母；而訓練量比一般人多，效果卻仍差強人意的人，也只好接受基因不夠優秀這件事了。

蛋白質是你的好朋友：水和碳水化合物也是。水分充足的肌肉可以促進合成代謝，所以從早到晚充分補水，就能促進肌肉代謝。訓練後，疲倦的肌肉會需要碳水化合物來補充在體內庫存的能量，也需要蛋白質推動肌肉的修復和生長。正常的正餐和副餐就可以提供前述營養素，不過運動後立刻喝一杯巧克力牛奶或類似的蛋白質飲，可為肌肉提供最能修復與生長所需的蛋白質與碳水化合物。

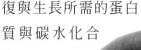

　　覺得忙不過來嗎？表 6.1 是根據前述原則來設立的計畫範例，內容是有效的全身訓練，而且只要 20 分鐘，器材僅須一組啞鈴。在這項訓練計畫中，會立刻從一項訓練轉換到下一項訓練，且一旦可以在最重組別裡完成 12 下動作，阻力重量就可以提升。注意要用適當的方式訓練，如果有需要，可以找人幫忙監督。注意姿勢不要跑掉。

透過肌力訓練，肌肉能給予反饋的最快生長速度大約是每週 1%。

表 6.1　肌力與肌肉量的 20 分鐘訓練計畫

訓練動作	暖身組	最大重量組
右手臂彎舉	1 組 10 下，輕度重量	1 組 8 至 12 下，重度重量
左手臂划船	1 組 10 下，輕度重量	1 組 8 至 12 下，重度重量
腹肌（棒式、捲腹）	30 秒	30 秒
右臂三頭肌屈伸	1 組 10 下，輕度重量	1 組 8 至 12 下，重度重量
左臂胸推	1 組 10 下，輕度重量	1 組 8 至 12 下，重度重量
腹肌（棒式、捲腹）	30 秒	30 秒
左腿深蹲	1 組 10 下，輕度重量	1 組 8 至 12 下，重度重量
右臂胸推	1 組 10 下，輕度重量	1 組 8 至 12 下，重度重量
腹肌（棒式、捲腹）	30 秒	30 秒
左臂三頭肌屈伸	1 組 10 下，輕度重量	1 組 8 至 12 下，重度重量
右手臂划船	1 組 10 下，輕度重量	1 組 8 至 12 下，重度重量
腹肌（棒式、捲腹）	30 秒	30 秒
左手臂彎舉	1 組 10 下，輕度重量	1 組 8 至 12 下，重度重量
右腿深蹲	1 組 10 下，輕度重量	1 組 8 至 12 下，重度重量

同化性類固醇如何運作？

　　基因型固然會造成人體的先天限制，然而不肖的運動員、教練、科學家和醫師老早就發現可以用藥物找到突破點。多數運動員用來提升表現的同化性類固醇，是一種具有類似睪固酮效果的物質。包括天然睪固酮前驅物如脫氫表雄酮（DHEA）和雄固烯二酮在內，許多實驗人員透過稍微修改睪固酮分子的構造，違法生產許多詭詐型類固醇（designer steroid），這種類固醇可用來規避藥檢。其他同化性類固醇像是胰島素、生長激素（GH）和類胰島素生長因子（IGF）都是身體的必需荷爾蒙，透過刺激細胞內的核來生成蛋白質（如酵素、傳訊分子、結構性蛋白質和收縮性蛋白質），以支持許多身體功能。當高於正常值的同化性類固醇、肽分子和生長因子影響肌細胞時，細胞核會製造更多的蛋白質，提升肌力訓練對蛋白質生成的刺激。

▎類固醇刺激細胞核，以產生更多收縮性蛋白質，提升肌力訓練對蛋白質生成的刺激。

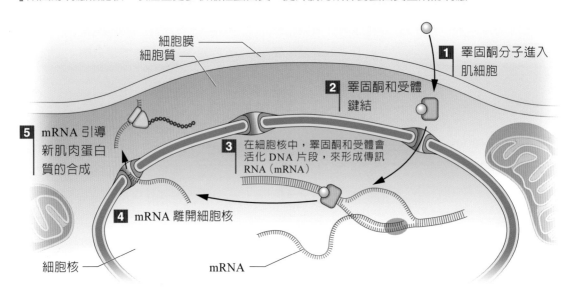

　　利用同化性類固醇（睪固酮和其天然荷爾蒙前驅物質或類似合成物）來增強運動表現，很明顯是作弊行為，因為禁藥會形成不公平的競爭優勢。此外，使用同化性類固醇會導致各類健康風險，如肝功能損害、前列腺肥大、體型縮小（對年輕運動員來說）、睪丸萎縮、精蟲數減少、男性乳房增大（即**男性女乳症，gynecomastia**）、粉刺、女性男性化、月經週期紊亂、臉毛增生、乳房萎縮、嗓音變低。若長期使用生長激素，則會和心肌病變、肢端肥大症（頭骨增大）、高血壓、心臟疾病、關節與結締組織弱化等有關。這些負面影響毫不令人意外，因為違規使用禁藥會擾亂荷爾蒙機能的複雜調節機制，因此必定會干擾正常的細胞功能。

肌肉的收縮方式有多重要？

　　對肌力訓練來說，添加變化性是件好事。固定搭配不同的器材和動作變化，讓肌肉以不同的方式承受壓力，可以為訓練計畫帶來新的挑戰和新鮮感。自由重量訓練、器材式重量訓練、彈力帶、彈力球、壺鈴、重量球和其他器材，都是肌力訓練設備中的常客（見圖 6.2）。

　　要記住，肌細胞若使用不同的收縮方式，會影響整體力（force）的產生。比如說，當需要舉起重量時，會使用向心收縮，這會讓肌細胞縮短，此時肌動蛋白和肌凝蛋白細絲滑向彼此，讓肌肉隨每次動作鼓起。當重量慢慢降低時，肌細胞便會開始伸長，就是所謂的離心收縮。離心收縮時肌肉仍在出力，肌動蛋白和肌凝蛋白細絲持續交錯，而有彈性的肌肉結締組織則被伸展，最終產生力。在等長收縮中，關節被維持在一個固定的角度，肌細胞縮短，之後便持續收縮。多數運動項目均須有三種收縮不斷組合出不同動作，而肌力訓練計畫可以模擬出符合需求的動作。有些附有不穩定平面的訓練器材（如平衡板和震動平臺）可以提供更多的心理挑戰和對運動的生理壓力，增強肌力成長，並提升訓練計畫的變化和樂趣。

　　由於離心收縮可以承擔更重的重量，所以對於建構肌力和肌肉量特別有效。所謂更重的重量，就是放更多壓力在肌肉上，如此一來會轉換成更強的功能性蛋白質生成訊號。然而，因為對肌肉的壓力增加，離心收縮也會引發更顯著的DOMS（延遲性肌肉痠痛）和受傷風險。另外，很多離心收縮的運動需要特殊的器材，或協助重訓的人本身受過訓練。實際上，肌力和肌肉量能提升多少，更多的決定因子在於對訓練計畫的投入程度，而非特定的單一器材或固定的訓練內容。增強肌力和肌肉量的方式有很多，在設計肌力訓練計畫時，這簡單的重點要銘記在心。

肌力訓練帶來的反饋會增加前列腺素分子的分泌。前列腺素分子可以影響身體對訓練的整體反饋。分泌前列腺素的主要酵素為環氧合酶（COX）。環氧合酶具有活性，其活性會被乙醯胺酚（acetaminophen）、布洛芬（ibuprofen）和阿斯匹林等非類固醇消炎藥（NSAID）抑制。所衍生的一項疑慮是，許多運動員日常都會使用非類固醇消炎藥，可能因此減少肌力訓練的效益。所幸有研究指出，非類固醇消炎藥若以正常劑量使用，應不會對肌力和肌肉量的發展有不良的影響。

伏地挺身包含了向心收縮（動態）和離心收縮兩種肌肉收縮方式：身體撐起時手臂向心收縮，身體下壓時則是離心收縮。

棒式撐體是一種肌肉等長收縮（靜態）的訓練項目，會運用許多肌群。

壺鈴的重量可以形成阻力，讓肌肉進行向心、離心和等長收縮。

任何運動只要負重往下，便需要肌肉進行離心收縮。

彈力球和重量球可以透過不同方式讓肌肉承受負荷。

增強式訓練需要肌肉的向心和離心收縮。

只要肌肉適當承受壓力，在建構肌力和肌耐力上，肌力訓練機器和自由重量有相似的效果。

▋圖 6.2　各種器材和肌肉收縮可以形成變化，讓肌肉以不同的方式承受訓練壓力。

肌力訓練新技術——真有效，還是純噱頭？

　　每個進行肌力訓練的人，都希望能找到又快又好的練法，也就是透過更快的方法來提升肌力和肌肉量。在雜誌上和網際網路上，無以計數的廣告兜售各種偷吃步技巧，聲稱可以透過這些方式獲得更多肌力，卻不見得建立在完善的科學基礎上。這裡有三個例子：

　　❶**電刺激法**：這項技術的背後理念是，透過貼在皮膚上的電極貼片，刺激肌肉產生收縮，便可能增強或取代肌力訓練。電刺激廣泛應用於傷後或術後肢體包覆石膏而無法動作的病患上，用以減少無法移動造成的肌力和肌肉量流失。然而，利用施加在肌肉上的電刺激來增加肌力或肌肉量，並沒有完善的根據，因為電刺激通常產生的是次大收縮（submaximal contraction，即收縮並非是最高強度），和經過妥善設計的日常肌力訓練相比，提供的刺激並不足夠。理論上，如果在使用電刺激進行肌力訓練時能夠引發超大收縮（supramaximal contraction），就有可能提升更多肌力和肌肉量。雖然理論上聽起來很美好，但實際上的相關缺點包括疼痛、肌肉損害和可能的受傷風險，讓超大電刺激遠遠弊大於利。

　　❷**血流阻斷法**：另一項讓肌肉在肌力訓練中增加刺激的方法，是限制流往肌肉的血流，以減少氧氣和營養素的輸送，並排除廢物。對於因為年齡、疾病或受傷而沒有辦法舉起重度重量（如 1RM 的 80%，1RM 指 one-repetition maximum，為肌肉收縮時能產生的最大力量）的人來說，利用壓力袖帶在舉起輕度重量（如 1RM 的 30%）時阻斷血流，理論上可以增強刺激，並提升肌力和肌肉量。減少肌力訓練時流入肌肉的血流，也能刺激平常未加入訓練的運動單元，讓這些運動單元接受徵召，進而促進訓練效果。事實上，研究顯示阻斷訓練法若搭配輕度重量負荷，確實可以增加肌力和肌肉量，對於無法負荷更大重量的人來說，具有實質助益。對於健康的人而言，血流阻斷法可能提供訓練上的變化性，但血流阻斷法真正能發揮效用的族群，應該還是某方面能力受限，而無法以傳統方式訓練的人。

　　❸**壓力裝**：人類已經研發出可對大小腿肌肉等肌群行外部加壓的衣著，用於在訓練和比賽時協助肌肉發揮功能。發揮效用的前提是，施加適當程度的壓力，可以改善肌肉的血液循環狀況，穩定肌群，並可能增加肌肉的彈性，以提升跳躍、衝刺和其他爆發性動作的表現。儘管對於運動壓力裝的研究，目前已有各式各樣的結論，多數認為對運動表現和恢復沒有幫助。然而，倒是也沒有人因為穿運動壓力裝而受傷，所以若單純覺得這種壓力裝穿起來很舒適，那麼花這個錢也就值回票價了。

營養扮演什麼角色？

　　有意增加肌力和肌肉量的人，往往會好奇營養素（特別是蛋白質）是否可以發揮功用。這項研究問題在運動科學裡是一個有趣的領域，而研究明白指出，在訓練後攝取優質蛋白質，可以將肌肉的蛋白質合成最佳化。而在實際做法上，這代表訓練後要盡快攝取蛋白質，身體會將蛋白質分解成各式各樣的胺基酸，吸收後進入血流中。優質蛋白質包含所有必需胺基酸──其中最重要的胺基酸像是白胺酸，以及身體無法自製的其他胺基酸──肌肉必須靠這些胺基酸來增加蛋白質，如收縮性蛋白質、結構性蛋白質、運輸性蛋白質（transport protein）以及調節性蛋白質的合成，以增加肌力和肌肉量。訓練過程中，肌肉內蛋白質的分解量會增加，這是針對運動的自然反應。在訓練後，人體自然而然會減少蛋白質分解，並增加蛋白質合成，以幫助肌肉加快恢復、修補和生長。前述機制在經常誘發後，肌力和肌肉量便會愈來愈快提升。同樣地，平常固定攝取蛋白質點心，可促進蛋白質合成，來協助肌肉內生成功能性蛋白質。

　　研究指出，攝取在牛奶、肉、蛋和魚肉中所含的優質蛋白質 20 公克，應該足夠在運動後將刺激肌肉蛋白質的合成最大化。高齡者（定義為大於 50 歲）方面，所需攝取的蛋白質則達 40 公克，才能誘發最大程度的蛋白質合成，研究者稱這種反應為**合成代謝阻抗（anabolic resistance）**。運動搭配蛋白質的攝取對於年長者特別重要，因為這可以幫助年長者不流失肌力和肌肉量，並提升骨骼健康，幫助控制食慾。研究指出的另一項相關益處是愈強壯的人通常會愈長壽。

　　有愈來愈多證據指出，均衡分配整天的蛋白質攝取（包括睡前），會將肌肉蛋白質的合成最大化，並幫助維持或增加肌肉量。舉例來說，一個體重180磅（82公斤）的運動員應每天攝取約每公斤體重 1.5 公克的蛋白質，相當於每天 120 公克左右的蛋

內含 20 公克優質蛋白質的飲食

- 5 份蛋白（95 大卡）
- 3 盎司（85 公克）火雞（90 大卡）
- 3 盎司（85 公克）鮪魚罐頭（85 大卡）
- 3 盎司（85 公克）雞肉（90 大卡）
- 4.5 盎司（125 公克）火腿（125 大卡）
- 3.5 盎司（105 公克）瘦牛肉（130 大卡）
- 6 盎司（180 公克）茅屋起司（160 大卡）
- 4 盎司（115 公克）牛絞肉（200 大卡）
- 2.6 盎司（76 公克）素肉（110 大卡）

白質，其中可以再分成 4 份，每份包含 30 公克的蛋白質，可能就分配在三餐與消夜中。目前已證實這樣的蛋白質攝取方式可維持較高的肌肉蛋白質合成率。

　　在任何時段，當完成一次辛苦的訓練後，血流中各類荷爾蒙含量會激升，這是運動後的自然反應之一。此外，無論何時吃正餐或副餐，身體也會隨著吃下的食物和飲料，產生相對應的荷爾蒙反應。有些保健食品的廣告宣稱該補充品可引發同化性荷爾蒙的增加，幫助提升肌力和肌肉量。如果有這麼簡單就好了！研究顯示，阻力訓練和攝取保健食品所促成的荷爾蒙反應，都不足以對肌力和肌肉量的發展產生關鍵影響。毫無疑問地，荷爾蒙對運動和飲食的反應很重要，但在訓練過程中的每天、每週、每個月中，有許多其他因素會對肌力和肌肉量的發展產生更大的影響。

　　保健品中，唯一可能對提升肌力和肌肉量有幫助的（至少對某些人有幫助），是水合型肌酸。研究顯示藉由肌酸補充品，肌肉的磷酸肌酸含量提升了 10% 到 20%，在肌力、爆發力和肌肉量方面的一些檢測上也都有所提升。在為期一個月的期間內，若每天攝取 5 公克的水合型肌酸，已證實能有效增加磷酸肌酸含量。若連續五天、每天以 20 公克為初始有效劑量（loading dose），效果上也有異曲同工之妙。儘管肌酸補充品僅有少量的副作用（如較高的初始有效劑量會造成胃部不適），但小心駛得萬年船，對於腎臟病確診或有腎臟疾病高度罹病風險者（如糖尿病患者），肌酸補充品就不適合了。

第 7 章

減重訓練

本章要告訴你，為什麼多動少吃是個好建議。

一天中無時無刻，業者總是在兜售宣稱可快速減重的飲食產品，種類琳瑯滿目，數量成千上百，令人眼花撩亂。更有甚者，保健食品廣告無以數計，賣的東西千篇一律，每週新聞的鎂光燈都聚焦在最新的科學發現如何誘發人體進行燃脂——而對想減肥的人來說，這些還只是資訊轟炸的冰山一角。所幸，減肥要有效，箇中道理並不如表面上複雜，需要的就是減去過量的身體脂肪，並避免復胖。因為身體內的能量平衡會改變，所以體重會變動，不論是上升還是下降。

減重的關鍵，就是能量平衡

回顧第 2 章曾提到，能量反映身體運作的能力。和這個運作有關的可能是骨骼肌的收縮、運輸葡萄糖通過細胞膜、細胞內訊號的生成，或是功能性蛋白質（如酵素）的合成。所有前述運作都需要三磷酸腺苷（ATP），而 ATP 的生成則需要葡萄糖和脂肪的氧化。

從葡萄糖分子或脂肪酸分子轉換成 ATP，這個過程沒有效率，因為葡萄糖和脂肪內的六成能量會在 ATP 生成過程中，以熱能的形式流失。由於流失的熱能可以幫助身體體溫維持正常，所以不全是壞事。

現在談**熱力學第一定律**（**First Law of Thermodynamics**），別一聽到就打瞌睡啊！這條定律說明能量不會被創造或毀滅，只會以不同型態不斷轉換。例如，葡萄糖分子中的化學能會轉變成 ATP 分子中的化學能，再轉變成肌肉收縮的機械能，最後成為身體動作的動能。沒有能量生成，也沒有能量被毀滅。事實上，所有跟人體動作有關的能量全都源於太陽（要快速複習，請看第 2 章的開頭）。太陽輻射所蘊含的能量會被植物轉換成化學能（如澱粉和糖）。人類和其他動物攝食植物（我們同時也攝食部分動物），因此以碳水化合物、蛋白質和脂肪的形式獲得化學能。

能量平衡（**energy balance**）的概念說起來簡單，聽起來讓人信服，然而在減重上用起來，卻是複雜得讓人抓狂。現在，先來談簡單的部分：當能量攝取和能量輸出（能量消耗）相同時，在體內的能量總量不變（見圖 7.1），換句話說，體重也維持不變。

來進一步了解能量平衡方程式的兩端。在能量攝取方面，關鍵因子就是從食物和飲料中消化獲得的能量多寡。這種能量以大卡（仟卡，即 1,000 卡路里，英文寫作「kcal」或 C 大寫的「Cal」）作為測量單位，能量攝取實際上就是熱量攝取。當然，能量消耗之外的許多因素會影響能量攝

由於肌肉和其他細胞增加了脂肪氧化和能量消耗，過量飲食可以提高生熱作用（thermogenesis，即熱的製造）。可惜的是，生熱作用的增量幅度，並不足以抵銷過量飲食帶來的能量。相較於暴飲暴食帶來的傷害，對於飢餓感所帶來的傷害，人體的機制可發揮較佳保護能力。

取，像是食物是否容易獲得、份量多寡、飢餓激素與飽足激素，以及進食的相關心理因素。

在方程式的另一端，能量輸出方面，一天消耗多少卡路里會取決於許多因子。儘管為數眾多，這些因子可以簡化成淺顯易懂的四大分類：靜態代謝率、食物熱效應、能量效率和體能活動能量消耗（見圖7.2）。

如第 3 章所述，靜態代謝率（RMR）會因為身材和身體組成而變動，也會受飲食習慣影響，這些稍後在本章會再討論。食物熱效應（TEF）是指身體用來消化和吸收飲食的能量。TEF 會受到食物的份量和組成所影響，身體荷爾蒙對食

當能量攝取多於能量輸出時，身體的總能量便會上升，體重也隨之上升。

和左述正好相反的例子就是，當能量攝取少於能量輸出量，身體的總能量便會下降，體重也隨之下降。

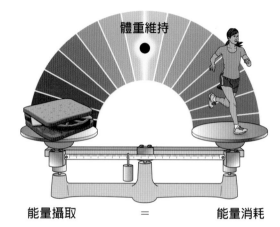

身體的總能量大約等於身體的脂肪總量。

圖 7.1　能量平衡是適用每個人的簡單概念，但對於少吃多動這檔事，每個人的接受程度都不同。

這是身體在休息時使用能量（卡路里）的速率。由靜態能量消耗（REE）所產生的熱能可維持體溫。

靜態能量消耗：60 至 75%

食物熱效應：8 至 10%

身體利用這部分的能量來消化和吸收食物，藉此合成新分子。

能量輸出

開始從事體能活動後，代謝會上升，且能量消耗的增加幅度，取決於體能活動的模式、強度和時間長度。運動後的過耗氧量（EPOC）和非運動性熱量消耗（NEAT）也是決定因子。

體能活動能量消耗：5 至 30% 或更多

能量效率：少量增減

製造 ATP 的過程原本就缺乏效率。粒線體以熱能型態流失的能量多寡，可取決於能量攝取和其他因素，整體能量消耗因此產生少量增減。

圖 7.2　能量輸出的四大組成

物的反應也會影響 TEF。

能量效率是影響每日能量消耗的另一個因素。如本章導言所述，由於許多能量在代謝與肌肉收縮中以熱能的形式散逸，所以細胞內 ATP 製程無法發揮百分百效率。熱能增多，ATP 卻減少，對身體運作來講效率並不佳，因爲會增加脂肪和碳水化合物的氧化量。這樣對製造 ATP 是不利的，但卻有助於減重。

能量效率方面，近來受到關注的一項因子是棕色脂肪。棕色脂肪即棕色脂肪組織（brown adipose tissue），常見於動物身上，尤其是熊等會多眠的動物。棕色脂肪有比一般脂肪細胞（白色脂肪）更多的粒線體和微血管，而且其 ATP 製成的效率不佳。因此，棕色脂肪會分解大量的脂肪酸，並生成大量的熱能，如果需要在戶外多眠時，又擁有足夠的體脂肪來過多，這會是相當便利的優勢。棕色脂肪也對新生兒有幫助，嬰兒無法照顧自己，所以每個人在出生時，都帶有少量的棕色脂肪（大約體重的 5%），用於在出生後維持體溫。長大後，開始爬走移動，並學會顫抖（一種能有效產生熱能的方式），棕色脂肪便漸漸無用武之地。

靜態代謝率（RMR）是身體在休息時所使用的能量多寡，並且依照使用能量的器官不同，數值也有所不同（見圖 7.3）。

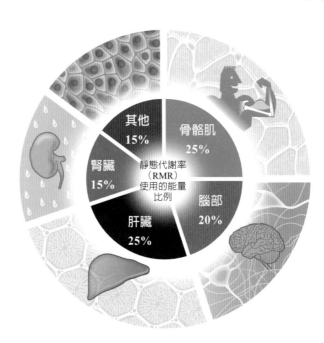

▎圖 7.3 靜態代謝率（RMR）所反映的數值，是身體休息時全身細胞所使用的能量（熱量）。

　　然而，有些棕色脂肪會留在成年人的體內，而且可能會因為長時間置身在寒冷的天氣中而增加。米色脂肪的特色應介於棕色脂肪和白色脂肪之間，這代表成人若有較多的棕色或米色脂肪，理論上可能更容易控制體重。每個人身邊可能都有再怎麼盡情大吃都不會胖的朋友，這是因為他們的棕色或米色脂肪比一般人更多的關係嗎？有些人比其他人能更簡單減去或維持體重，原因之一實際上可能就是棕色或米色脂肪。但從科學的角度來看，當然還有其他因素。

　　棕色和米色脂肪的話題引起人們興趣，不只是因為和體重控制之間的可能關係；常態性體能活動會誘發各式各樣的反饋，進而影響全身的組織，在這一方面，棕色和米色脂肪的機制也說明了其中的誘發方式。運動時，骨骼肌、心肌和脂肪都會釋放荷爾蒙和其他蛋白質到血流中，這些物質可能藉此將需求傳達給其他組織。舉例來說，在運動時，心臟和骨骼肌會釋放一種稱為鳶尾素（irisin）的荷爾蒙，這種荷爾蒙應可促使白色脂肪細胞轉換成米色脂肪細胞。活動中的肌肉如何跟腦部、肝臟、腎臟、骨骼、胰臟和脂肪細胞溝通，產生短期和長期反應，進而促進整體的體適能狀況和健康——鳶尾素的作用機制只是其中一個例子。

　　談到體重管理，體能活動能量消耗是控制體重的重大影響因子。在體能活動時消耗的能量（即所燃燒的卡路里）多寡取決於許多因素，像是體能活動的種類、強度、時間長度和體重。表 7.1 針對各類身體活動，說明能量消耗的變化。要注意的是，會運用到多種肌肉參與的持續性運動（如跑步和游泳），通常會比間歇性運動（如網球）消耗更多能量。當然，悠哉地游泳所消耗的熱量，會比一場激烈的網球賽還少，所以表 7.1、其他書本和網路上提供的平均值都只是身體活動平均耗能的粗估。

　　能量消耗的估算值也會標示於運動器材（如跑步機、飛輪、滑步機）上，不過這些也只是估計。這些數值的算法依據五花八門，每件器材都不相同。舉例來說，使用者可以將自己的年齡和體重輸入跑步機，根據這兩項數據，配合跑步機的速度和坡度，估算出能量消耗的多寡。

經常運動是成功減重的不二法門。

111

表 7.1 以每分鐘熱量（大卡／分鐘）表示的體能活動平均能量消耗，以及與體重的相對係數（大卡／公斤／分鐘）

活動	估算的每分鐘卡路里（從 MET 值估算，假設 1MET=1.5 大卡／分鐘）	與體重的相對係數（大卡／公斤／分鐘）
籃球比賽	12.0	0.123
自由車		
騎上陡坡	21.0	0.300
騎在平地（速度＜每小時 10 英里）	6.0	0.107
騎在平地（速度＞每小時 20 英里）	24.0	0.343
跑步		
12.1 公里／小時（每小時 7.5 英里）	14.0	0.200
16.1 公里／小時（每小時 10 英里）	18.0	0.260
坐著	1.5	0.024
睡覺	1.0	0.017
站立	1.8	0.026
奮力游泳多趟（自由式）	15.0	0.285
網球單打	12.0	0.101
走路 3.2 公里／小時（每小時 2.0 英里）	3.0	0.071
費力進行阻力訓練	9.0	0.117

註：表列數字係以 70 公斤（154 磅）重為基準，並可能因為許多其他因素產生變化，讀者應將其當作估計值，提供給運動員／學員參考，協助了解各活動間的能量消耗有何不同。其他活動的能耗量可參考 https://sites.google.com/site/compendiumofphysicalactivities/Activity-Categories

資料來源：Ainsworth et al. Healthy Lifestyles Research Center, College of Nursing and Health Innovation, Arizona State University. https://sites.google.com/site/compendiumofphysicalactivities/Activity-Categories

這些估算值無法用於判定和實際能耗量之間的關聯度，畢竟健身器材不會知道你目前動作的耗能效率（這會反映在特定強度下的氧氣消耗量），你也不能確定這些器材最近是否校正過，因此上表數據僅供參考。

圖 7.4 針對體能活動的能量消耗，提出一個有趣的面向：**非運動性熱量消耗**（**Nonexercise Activity Thermogenesis，NEAT**），在體能活動的耗能上，這是相當有趣的概念。NEAT 可以是不經意的運動，因為 NEAT 包含了日常活動的能量消耗，像是站立、彎腰，以及坐著時動來動去等。你也知道，有些人就是坐不住，但也幸好他們坐不住時會亂動，因此做了許多不經意的運動，這些小動作加起來，每天也可消耗掉數百大卡的熱量。

- 躺著看電視　　　　　　　　　1.0 大卡／分鐘
- 坐著　　　　　　　　　　　　1.5 大卡／分鐘
- 坐著時動來動去　　　　　　　2.0 大卡／分鐘
- 打掃　　　　　　　　　　　　3.0 大卡／分鐘
- 搬動家具　　　　　　　　　　5.0 大卡／分鐘
- 在花園除雜草　　　　　　　　4.0 大卡／分鐘
- 開著割草機在草地上除草　　　5.0 大卡／分鐘
- 以一般步調散步　　　　　　　3.0 大卡／分鐘

▌**圖 7.4**　非運動性熱量消耗（NEAT）每天都會消耗掉數百大卡的熱量。

如何精準估算 RMR ？

　　爲了幫助運動員／學員了解其日常能量（熱量）需求，了解自己的 RMR 會相當有幫助。如果手邊沒有器材可測量耗氧量和淨體重（lean body mass，LBM），那不妨退而求其次，透過公式來求出 RMR。手機 APP 和網站也可以幫忙換算，這邊就不一一列舉，僅以表 7.2 相關公式說明。該表的實用之處在於列出了多項公式來計算 RMR 的大概範圍，其中可能包含每個人的眞實 RMR 值。

若是針對嚴格控制能量攝取的人測量靜態代謝率（RMR），則測出值將低於眞實的 RMR，因為嚴格的熱量攝取限制會造成許多組織的新陳代謝變慢。

如何精準估算每日能量需求值？

　　估算每日能量（熱量）需求最簡單的方法，是將 RMR 乘上一個係數，該係數大致代表一個人的每日活動量。同樣地，若要幫助運動員／學員以高活動度和低活動度估算值爲

減重保健品

　　市面上有成千上萬種保健食品都號稱能夠快速減重，如果你一聽到就覺得減肥哪有這麼簡單，其實你想的沒錯。不過減重保健品倒是個說明能量平衡公式的範例，因為減少體脂唯一的方法就是減少能量的攝取，或是提升能量的輸出。就減脂類的保健食品而言，其機制不是幫助壓抑食慾（減少能量攝取），就是提升靜態代謝率（增加能量輸出）。保健食品有辦法做到其中一項嗎？可想而知，這個問題很難有明確的回答。可以說的是，有些研究結果顯示，保健食品能在短時間內少量降低食慾，並增加靜態代謝率，然而程度上和跟安慰劑效應相差無幾。這點觀察也適用於含草本製劑和成分的各類草本保健品，包括毛喉素、藤黃果以及綠茶萃取物和其他咖啡因衍生物。然而，保健食品之所以能確實抑制食慾，是因為含有處方藥或人工刺激物這些管制或危險成分。有些減重保健品已發現含有西布曲明（一種類安非他命物質，現在已禁止用於人體）、氟西汀（百憂解，一種抗焦慮藥物）、酚酞（一種化學試劑）、三胺蝶素（一種處方利尿劑），甚至還有西地那非（威而鋼）。目前保健品普遍摻入不良成分，畢竟民眾不太可能了解仿單在寫什麼，或是知悉減重保健品的最新資訊。為了就此提供協助，當有保健品檢測出管制成分時，美國食品和藥物管理局（FDA）會發送電子郵件，通知會受到影響的消費者。

基礎，建立每日熱量需求的範圍，這會是最有幫助的方式。表 7.3 的示例中，針對一位排球員以表 7.2 的方法來估算 RMR。跟 RMR 估算值一樣，可以透過網站或手機 APP，來換算日能量（熱量）需求。多數人的每日所需熱量都會變化，這是因為每日能量需求值會隨著活動內容有所變動。注意看表 7.3，會發現在休息日和高強度訓練日之間，運動員的能量需求值相差了 1,000 大卡。

表 7.2　針對成年人 RMR 的兩大換算公式

公式	男性	女性	範例
哈里斯─班納迪克公式（Harris-Benedict equation）	RMR（大卡／天）=66.473+（13.7516×體重〔公斤〕）+（5.003×身高〔公分〕）–（6.775×年齡）	RMR（大卡／天）=665.0955+（9.5634×體重〔公斤〕）+（1.8496×身高〔公分〕）–（4.6756×年齡）	20 歲女性排球選手，69 英寸高（175公分），136磅重（61.8公斤）RMR = 665.0955+（9.5634×61.8）+（1.8496×175）–（4.6756×20）= 1,486 大卡／天
密弗林─聖豪爾公式（Mifflin-St. Jeor equation）	RMR（大卡／天）=（10×體重〔公斤〕）+（6.25×身高〔公分〕）–（5×年齡）+5	RMR（大卡／天）=（10×體重〔公斤〕）+（6.25×身高〔公分〕）–（5×年齡）–161	20 歲女性排球選手，69 英寸高（175公分），136 磅（61.8公斤）RMR =（10×61.8）+（6.25×175）–（5×22）–161 = 1,607 大卡／天

表 7.3　從 RMR 和活動係數估算每日能量需求值
範例：20 歲女性排球選手，69 英寸高（175 公分），136 磅（61.8 公斤）
平均 RMR 估算值 = 1,546 大卡／天

活動等級	活動係數	能量需求值
休息日	RMR × 1.2	1,856 大卡
輕度訓練日（例：≤1 小時輕度運動）	RMR × 1.375	2,216 大卡
中度訓練日（例：1 到 2 小時中等強度運動）	RMR × 1.55	2,396 大卡
重度訓練日（例：2 小時以上高強度運動）	RMR × 1.725	2,667 大卡
高強度訓練日（例：2 小時以上不停歇的高強度運動）	RMR × 1.9	2,937 大卡

能量平衡與能量可利用值

　　能量平衡即是能量攝取和能量輸出的差值。當體重沒有隨著時間而變化時，能量平衡會是每天 0 大卡，因為能量攝取減去能量輸出等於零。如果吃太多，能量平衡會變成正值，體重就會上升；如果吃太少，能量平衡會變成負值，體重則隨之下降。

　　能量攝取長時間受限，定義為數週以上的**能量缺乏**（**energy deficiency**）。此時，人體會降低 RMR，來補償所減少的能量。如此一來，會增加減重的難度，除非能量攝取繼續減少。運動員和健身愛好者有可能因為厭食症等**飲食失調症**（**eating disorder**）而導致能量缺乏，這些錯誤減重的異常飲食行為也常稱為**飲食失調**（**disordered eating**），包括禁食、腹瀉和催吐，或因為無意之間未能攝取足夠營養。

　　能量可利用值（**energy availability**）概念單純，算法也很簡單。能量攝取和體能活動能量消耗的差值即是能量可利用值，即可用於人體剩餘能量需求的可用能量值。如果有一名女性排球員一天吃下 2,356 大卡，並在訓練過程中燃燒 856 大卡，能量可利用值就會是 2,356 – 856 = 1,500 大卡。在這一天，這名選手是處於能量缺乏的狀態，因為她為了達到 RMR 和基本日常活動（RMR×1.2，詳見表 7.3 的算式）所估算的能量需求值是 1,856 大卡。如果這種狀況持續下去，這位選手會處於能量缺乏的狀態，可能的風險包括月經週期紊亂、骨質流失，以及訓練和比賽時運動表現失常。

　　對於想要增減重的運動員／學員，能量可利用值可提供決策上的實用參考價值

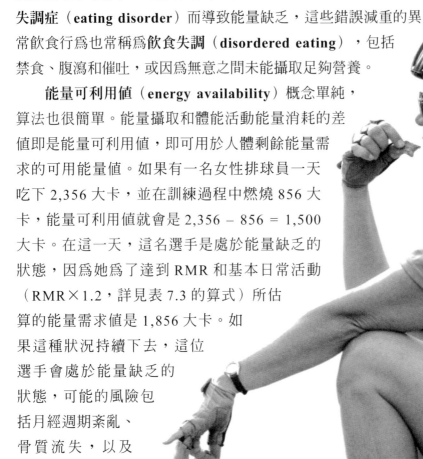

（見表 7.4）。然而，這些計算若要更可信，就必須精準了解一個人的標準每日能量攝取（大卡／天）和能量輸出（大卡／天）、體重（公斤），以及至少是約略值的去脂肪組織重量（英文縮寫爲 FFM，單位爲公斤）。下表算式使用 FFM 針對體內代謝活動最旺盛的組織，求出能量需求值。

表 7.4　能量可利用值換算表（可用於體重管理）

目標	評估能量缺乏的風險	安全減重	維持或增加體重
熱量攝取	<30 大卡／公斤 FFM／天	30 至 45 大卡／公斤 FFM／天	>45 大卡／公斤 FFM／天
示例	122 磅（約 55 公斤），女性，高中越野跑者，一天攝取 2,200 大卡，並透過訓練一天消耗 950 大卡。她希望維持近期的體重，但在部分訓練排程和賽跑項目不是很順利。	192 磅（約 87 公斤），46 歲，男性籃球員（休閒性質），一天攝取 3,460 大卡，透過體適能訓練和籃球比賽一天消耗 625 大卡。他希望減重來改善長期健康，並提升球場上的速度。	212 磅（約 96 公斤），16 歲，男性，高中美式足球員，希望增重，但一直遇到困難。他通常一天攝取 4,300 大卡，透過舉重與球隊練習一天消耗 1,200 大卡。
能量可利用值	2,200−950 = 1,150 大卡／天。她的體脂肪爲 16.5%，所以 FFM = 122 −（122×0.165）= 102 磅（46.4 公斤）。	3,460−625=2,835 大卡／天。他的體脂肪爲 22.3%，所以 FFM = 192 −（192×0.223）= 149 磅（67.8 公斤）。	4,300−1,200=3,100 大卡／天。他的體脂肪爲 14.4%，所以 FFM = 212−（212×0.14）= 182 磅（82.9 公斤）。
能量可利用值的最低估算值	30×46.4 = 1,390 大卡以達到每日非運動性需求量。此值 > 近期能量可利用值（1,150 大卡／天）。	30×67.8=2,034 大卡以達到每日非運動性需求量。此值 < 近期能量可利用值（2,835 大卡／天）。	45×82.9=3,729 大卡以達到每日非運動性需求量。此值 > 近期能量可利用值（3,100 大卡／天）。
建議	因能量缺乏，可能傷害運動表現和健康。應增加能量攝取或減少訓練負擔，目標爲讓能量可利用量超過 1,400 大卡／天。	一天減少攝取的能量不超過 500 大卡，在避免能量缺乏的情況下，以安全方式減重。	能量攝取上應一天多攝取 650 大卡，才能開始增重。

為什麼有些人的體重老是降不下來？

　　直覺來看，減重感覺很簡單，只要少吃多動就可以了。對一些人來說，的確**就是**這麼簡單。畢竟，熱力學定律是不會被打破的，如果攝取的熱量少於燃燒的熱量，假以時日體重就會下降。然而，對於其他人來說，少吃多動卻沒有產生同樣令人滿意的結果。事實上，有些人即使遵循完全一樣的飲食和運動菜單，體重也沒減掉多少，這是為什麼呢？圖 7.5 整理了影響減重的部分因素，後續段落則探討個體變化的更多細節。

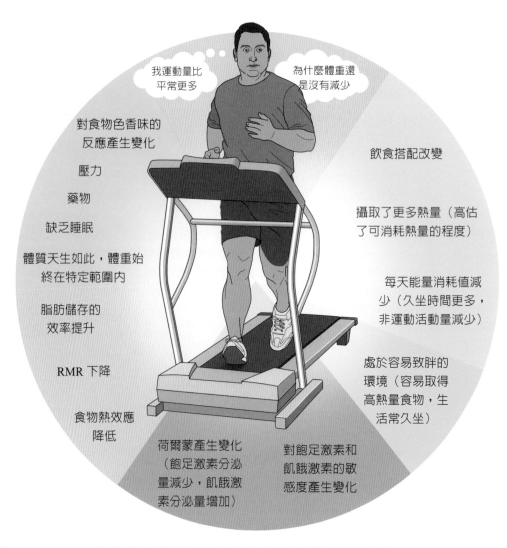

▎**圖 7.5**　許多因子會影響減重相關的能量平衡公式，讓減重這檔事更加複雜。

基因

天生體質不佳，儘管令人難以接受，但看起來人類還是無法擺脫基因的控制。有些科學家認為，體重是由基因決定，而且基因決定了體重的上下限，範圍其實非常狹窄，想要試著將體重控制在範圍外，都是徒勞無功。其他科學家也同意基因在體重方面扮演重要角色，但並不是都由基因說了算。否則，要如何解釋有些人可以減去幾百磅重，而且還能幾十年不復胖呢？

恆定代償

恆定代償（homeostatic compensation）這個術語聽起來很複雜，其實不然。概念就是，身體會針對體重建立一個設定值，任何嘗試要改變體重的舉動，都會產生代償，去對抗帶來的改變。

舉個簡單的例子：為了減重而開始每天運動的人，常常會對減重的進度緩慢而感到沮喪。研究顯示當人們經常運動後，往往吃下更多食物，並減少其他時間的體能活動。這也解釋了為什麼攝取極低熱量的人常常難以減重，因為身體會降低 RMR，藉此對低能量的攝入進行代償。

持續節食會減少靜態代謝率（RMR）、食物熱效應（TEF）、因為體重下降而導致的能量消耗、非運動性熱量消耗（NEAT），以及飽足激素（如瘦素、胰島素、膽囊收縮素），同時飢餓激素（如 Y 型神經胜肽物質、飢餓肽）會增加。換句話說，節食會導致身體代謝的代償和行為反應，在兩者相輔相成的作用下，避免體重流失。

荷爾蒙

在調適飢餓感和飽足感上，神經內分泌系統（即指腦部、中樞神經系統、內分泌系統）扮演的角色舉足輕重。攝食會激發至少數十種荷爾蒙，自腦部、消化道、胰臟、肝臟

節食和暴飲暴食會產生大幅度的體重增減。比如說，每天多吃進 1,000 大卡，會導致每天的能量儲存量多 100 到 700 大卡。NEAT、TEF 和能量消耗一旦上升，脂肪量便更不易增加。

和其他器官釋出，藉此形成豐富的訊號網絡，影響身體的飢餓感和飽足感。相較於其他人，有些人會對這些訊號更敏感。更敏感的意思是，飢餓感的消失速度會比他人更快，所以他們食量較少，且不太會變胖。

如何最能有效減脂又維持肌肉量？

在第 6 章，我們已經知道肌肉具有可塑性。肌肉會根據施加在其上的壓力發生適應，而在壓力移除後，喪失適應變化的速度會比產生適應變化的速度還快。增肌需要做對運動，還要吃對食物，同時吃進足夠的能量（熱量），來增加或維持肌肉中的蛋白質含量。除了充足的能量之外，肌肉也需要碳水化合物、蛋白質和水來恢復、修補和生長。若在飲食方面太嚴厲限制能量攝取的話，可能會有肌肉伴隨脂肪一起流失的風險。

運動員／學員若想要減脂，又要維持或增加肌肉量，就需要小心注意節食程度。能量攝取驟降（如一天減少 1,000 大卡）肯定會導致體重下降，但體重減少會有部分是因為肌細胞的大小縮小，因為這些細胞分解收縮性蛋白質來製造能量（ATP），而不能用來修補或代替受損的蛋白質。肌肉量的流失可以透過增加每日飲食中的蛋白質含量來舒緩，目標值為每公斤體重 1.6 公克（0.7 公克／磅／天），是久坐者蛋白質建議量的兩倍。成人的熱量攝取若是太低（指每天 1,200 大卡以下）會誘發身體的代償機制，減少 RMR，這是因為人體會試著降低能量需求值，以應付每日能量不足。毫無意外地，RMR 減少後，會讓減重更加困難得多。針對此點，專家建議適度的熱量限制（如每天減少 250 到 500 大卡），並增加能量消耗量，來維持每週減重 1 到 2 磅（約 0.5 至 1 公斤）的幅度。

能大幅度減重的人，都不約而同有一些共同點：多數人每天都會吃早餐；多數人每週量一次體重；多數人每天看電視少於 2 小時；而且多數人每天運動約 1 小時。

　　小幅度降低能量攝取（如每天減少 250 到 500 大卡），雖然減重會較慢，但也會讓減重時流失的肌肉組織較少。如果能再透過運動增加能量消耗，且能量攝取僅有微量減少或維持不變，減重的效果會更加完善。舉例來說，如果一個人每天需要 2,500 大卡來維持目前體重，當一天熱量攝取量下降到每天 1,500 大卡時，體重就會減輕。如果每天燃燒的能量多了至少 500 大卡，同時搭配適當飲食控制，也能夠減少體重，肌肉量的維持效果也更好。

　　減脂時循序漸進（也就是減去的體重相當於體脂量，每週減 1 至 2 磅，即 0.5 至 1 公斤）可以降低復胖的風險，也能減少對各類運動表現的影響。漸進式減重也可以將水分和肌肉的流失降到最低。若快速減重，會造成肌肉量流失和脫水，健康和運動表現都會因此受損。對於運動員或體能活動量本來就很大的人來說，在適當減少能量攝取（每天減少

無論相對 BMI 值的高低，和男性相較，覺得自己過胖的女性人數會是男性的兩倍。舉例來說，若一位女性的 BMI 為第 50 百分位數（即有五成女性的 BMI 比自己高，另有五成比自己低），則相較於 BMI 為第 50 百分位數的男性，會有兩倍的機率覺得自己過胖，並會因此而投入減重。

甩掉肚子肥油的最佳方式

　　這個問題可說老生常談，主要是因為許多人不了解消脂的機制。脂肪儲存的方式會因為性別和個體而有差別，許多女性的脂肪是囤積在臀部，形成西洋梨形體態的**女性型肥胖（gynoid obesity）**。許多男性則多半儲存在腹部，形成蘋果狀體態的**男性型肥胖（android obesity）**。顯然，並不是每位女性體態都像西洋梨，也不是每個男性的身材都像蘋果。男女體內的脂肪儲存方法大不同，這其中的差別也會決定消脂的方式。例如，如果體質上腹部容易囤積脂肪，即使燃脂是從全身脂肪細胞減除的，也會先注意到腹部的消脂幅度。

　　要減去多餘腹部脂肪，須從腹部在內的全身脂肪細胞消除脂肪酸。不斷做捲腹和棒式撐體核心運動，會讓腹肌變強壯，增加練出六塊肌的機會，但這些運動不只是局部減少腹部脂肪。消脂的關鍵是增加能量輸出和減少能量攝取來促進。減重不可能違背能量平衡公式！

資料來源：Adapted, by permission, from W.L. Kenney, J.H. Wilmore, and D.L. Costill, 2015, *Physiology of sport and exercise*, 6th ed. (Champaign, IL: Human Kinetics), 562.

上身（男性）型肥胖

下身（女性）型肥胖

250 至 500 大卡）的狀況下，維持或增加體能活動的能量消耗，往往足以幫身體每週減去 1 至到 2 磅的脂肪，約 0.5 至 1 公斤。

什麼是燃脂區間？

從科學的觀點來看，並沒有所謂的燃脂區間（fat-burning zone）。身體會一直持續燃燒脂肪，脂肪被燃燒（氧化後產生 ATP）的數量多寡，則取決於體能活動。燃脂區間的概念廣受歡迎，認爲特定範圍內的運動強度（通常和運動時的心跳率有關）可以在運動時將燃脂量最大化，但正如圖 7.6 所示，最重要的是運動時的總能量消耗

錯誤觀念： 讓心跳率保持在燃脂區間，減重效果較好。	燃脂區間是什麼？ 有助於減重嗎？	建議觀念： 努力鍛鍊！總燃燒熱量才是最大關鍵，而非心跳率。

	強度	耗氧量（$\dot{V}O_2$） （公升／分鐘）	碳水化合物 （大卡）所 占百分比	脂肪（大卡）所占百分比	大卡／小時
如果正以最大心跳率的 50% 運動強度運動，則約 50% 的 ATP 製成來自脂肪氧化，50% 來自葡萄糖氧化。	最大心跳率（HR_{max}）的 50%	1.50	50%	50%	440
增加運動強度到最大心跳率（HR_{max}）的 75%，則脂肪氧化會下降至 ATP 產量的 33%。雖然看起來像對消脂產生反效果，但事實上不然。在更高的運動強度中能量消耗更多，而這個變動會影響整體的能量平衡（或能量可利用值）。	最大心跳率（HR_{max}）的 75%	2.25	67%	33%	664

大多數情況下，運動時來自儲存脂肪的氧化速率 = 1 盎司／小時

圖 7.6 燃脂區間對於減重沒有意義，因為整體的能量消耗和能量攝取，才能決定長時間下來脂肪消耗多少。

資料來源：Adapted, by permission, from W.L. Kenney, J.H. Wilmore, and D.L. Costill, 2015, *Physiology of sport and exercise*, 6th ed. (Champaign, IL: Human Kinetics), 568.

量，而非能量的來源。另外也要注意的是，運動**當下**氧化的脂肪量通常非常少，一天的熱量消耗總量（總能量消耗量）決定了長時間下來的燃脂量。

運動時吃下的熱量，會抵銷掉運動減重的效果嗎？

先簡單說結論：不會。看一下圖 7.7 的極端例子，對於目標是減重的一般人，不難理解他們會認為不應該在努力燃燒熱量的運動當下攝取熱量。然而，研究結果極清楚顯示，在訓練過程中攝取碳水化合物熱量（能量），和能量消耗的增加有關（即燃燒更多熱量），因為這麼做，運動中的肌肉會獲得額外的燃料來源，並能更投入運作。要記得，一天的整體能量消耗指的是體能活動的總消耗能量，以及非運動性熱量消耗（即 NEAT），而這些會決定全部的能量輸出。

都要減重了，為什麼還要
在運動時吃下熱量？

錯誤觀念：
運動時攝取熱量，和運動燃燒熱量相比，兩者目的牴觸

−800 大卡 / 小時
+2,000 大卡 = ？

體重減少？
體重增加？
維持體重？

建議觀念：
注重整體能量平衡才重要！

想像你正在上一小時的飛輪課，將會消耗掉 800 大卡。在課程中間，你吃了一餐，熱量 2,000 大卡。如果你一個月內每週都這麼做三次，連續好幾個月，身體會有什麼變化？體重會增加？減少？或維持不變？

答案無從得知。因為這個情境太極端，沒有提供任何整體能量平衡的資訊。事實上，這三種體重變化都有可能發生，取決於長時間以來的能量平衡。

圖 7.7　在運動時以運動飲料、碳水化合物果膠、能量棒，或其他食物來源的形式攝取熱量，不會對減重造成任何困難。減重關鍵是整體的能量平衡，而非僅看特殊場合攝取的能量（熱量）。

在節食時運動，會提升脂肪氧化，並減更多體重嗎？

　　毫無疑問地，節食會使人體限制對碳水化合物的利用，並更依賴氧化脂肪酸來製造 ATP，因此節食可以增加脂肪的氧化，即燃燒脂肪。而攝食高脂肪飲食也在增加脂肪氧化方面，有著異曲同工之妙，不過如圖 7.8 所示，節食會減少身體在運動時對碳水化合物的利用，最後導致身體難以維持爆發力的輸出。這並不是好事，因為爆發力減少，就代表能量消耗減少，也就是燃燒的熱量更少。

即使有些人相信高脂肪飲食能控制食慾，但事實上，在產生飽食感和增加自身氧化效果方面，脂肪是最差的巨量營養素。真正的高脂肪飲食會消耗肌肉和肝醣，並流失原本跟肝醣一起儲存的水分子。因為流失的是水分而非脂肪，所以大多數採用類似飲食的人在減重前期，體重才會驟降。

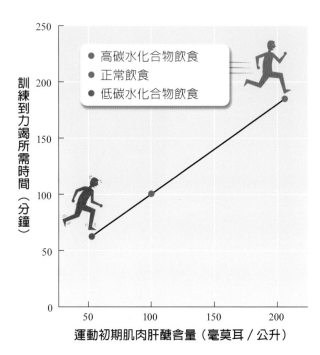

在訓練狀態下節食或避開碳水化合物，可以促使肌肉燃脂嗎？

錯誤觀念：
訓練時節食可以加速脂肪燃燒

建議觀念：
會，但是運動表現也會下降。而當碳水化合物儲存量正常時，比較能訓練更多，並燃燒更多卡路里

節食或低碳水化合物、高脂肪飲食會導致
• 脂肪氧化增加
• 碳水化合物氧化減少
• 訓練負荷量減少
• 免疫反應改變

圖例：
● 高碳水化合物飲食
● 正常飲食
● 低碳水化合物飲食

Y軸：訓練到力竭所需時間（分鐘）
X軸：運動初期肌肉肝醣含量（毫莫耳／公升）

圖 7.8 節食和低碳水化合物飲食可以增加身體內脂肪的氧化（即燃脂），但也會減少肌肉中碳水化合物（肝醣）的可用量，使身體更快疲勞，更難展開高強度訓練。

資料來源：Adapted, by permission, from W.L. Kenney, J.H. Wilmore, and D.L. Costill, 2015, *Physiology of sport and exercise*, 6th ed. (Champaign, IL: Human Kinetics), 382.

第 8 章

練出速度和爆發力

適當的訓練能促成肌肉、結締組織和神經系統產生適應變化，使運動員更快、更有爆發力。

在任何運動賽事裡，速度和爆發力都扮演舉足輕重的角色。對於只想提升體適能的人，即使目標不是要和別人競爭，經訓練後，速度和爆發力也必定跟著提升。美式足球員擒抱敵隊的持球員、角力選手使出單腿抱摔、排球選手起跳扣殺、體操選手嘗試完美落地、游泳選手從跳臺上一躍而下、籃球選手在球場上加速回防、標槍選手在擲出標槍前的最後一步……以上例子無一不是速度和爆發力的結合。在這些例子中，都不難理解為什麼增加速度和爆發力後，運動表現也可能會隨之提升。然而，對於初次投入體適能課程的中年婦女、參賽屬休閒性質但想創 5K 項目個人新高的跑者、髖關節置換術後想重拾腿部肌力的 74 歲長者而言，速度和爆發力也一樣重要。

速度和爆發力對於運動員的重要性顯而易見。另一方面，對想要減重、改善肌肉彈性，或促進整體體適能的人而言，也能理解為何他們不會想將提升速度和肌耐力當作個人目標。然而即使學員的目標不是要提升爆發力、速度或運動表現，所有的訓練計畫都一定會影響到速度和爆發力。

何謂速度和爆發力？

　　速度會影響爆發力，所以兩者息息相關。在練習和實際運動的情境中，可以直觀地了解速度和爆發力的意思，但在運動生理學專書中，要先釐清這些術語的定義。

　　速度用於測量動作有多快，在數學上中，速度（S）等於行進的距離（D）除以這段距離耗費的時間（T）：

$$速度（S）＝距離（D）/時間（T）$$

　　當行進距離相同或更長，花費時間卻減少了，就代表你動作變得更快，也就是速度獲得提升。

　　爆發力用於測量能量轉移有多快，在運動上，爆發力（P）是力（F）乘上距離（D），再除以時間（T）：

$$爆發力（P）＝〔力（F）× 距離（D）〕/時間（T）$$

速度用於測量動作有多快，爆發力用於測量能量轉移有多快

　　從短跑到超馬，無論想提升哪一型的運動能力，速度和爆發力都很重要。身體在活動中蓄積的爆發力，和移動速度與被移動的力量（體重，又稱為身體質量）有關。

- 相較於一位速度較慢、225 磅重（約 102 公斤）的美式足球半鋒，一位 150 磅重（約 68 公斤）的速度型半鋒在衝擊防守線時所蓄積的爆發力較少。較重的選手雖然移動較慢（速度低），但有較高的能量轉移率（即所謂爆發力）。這兩種類型的選手不論是哪一位，只要速度增加，爆發力就會增加；同樣地，這兩類選手不論是哪一位，只要肌肉量增加且速度維持不變，爆發力也可獲得提升。

- 排球選手都想要打出更強力的高壓扣殺。訓練肌力和運動技巧後，可以增加肩膀和手臂的肌肉量和肌力，提升擊球的揮臂速度。當手臂移動的快慢（即排球員的速度）連同肩膀與手臂的肌肉量都提升時，便能施展更有爆發力的殺球（即能量轉移變快了）。

- 一名百米短跑選手希望能跑得更快，因此在休賽季投入肌力訓練。他的訓練很成功，增加了 12 磅（約 5 公斤半）的肌肉，帶動的整體力量都獲得提升，尤其是上半身。但初次練跑的結果讓他失望，因為明顯比上一季開季時還慢。這種情況代表身體質量的提升降低了移動的快慢（即跑速），即使能量轉移速度（即爆發力）可能沒有改變。

在這個簡單的公式中，力量（F）可以指體重、一組槓鈴的重量，或對一臺訓練器材施加的阻力；爆發力（P）則取決於力量的總量和力量被施加或抵銷的速度。舉例來說，一名美式足球員之所以能提高爆發力，是因為在體重沒有減輕的情況下動作更快了。提升爆發力對部分運動項目來說非常重要，比如說美式足球、舉重、投擲運動、任何有包含短跑衝刺的比賽。透過訓練，速度和爆發力通常會同步提升，但很多時候，人們更關注提升速度，而忽略爆發力是否下降——跑步、游泳、自由車等計時制競賽中，第一名到達終點的選手即贏得比賽，因此前述情形會特別明顯。一般來說，當速度增加，爆發力也會提高，但有時運動員必須減脂來提升速度。如果體重（爆發力公式裡的 F）的減少量多於速度的增加幅度（D/T），爆發力就會微幅下跌，但若因此達成增加速度的目標，就沒有太大影響。

馬拉松選手和其他耐力型運動員往往不重視爆發力，但其實速度和爆發力兩者對任何運動項目來說，都至關重要。爆發力有很大一部分決定於速度，而對於耐力型運動員來說，蓄積更高爆發力的重要性，不亞於美式足球員或其他爆發力型運動的選手。即使蓄積的最大爆發力遠少於短跑運動員，耐力型運動員可以維持爆發力輸出較長的時間。短跑型和耐力型運動員都需要提升速度和爆發力，來增進運動表現。設計良好的運動計畫可以提升速度、爆發力，以及耐力表現。

無論搭配何種間歇訓練和體適能課程，隨著體適能增進、體重減少、運動技巧提升，也會同步影響速度和爆發力。對於運動目的為休閒的人而言，雖然這樣的進步可能不是唯一目標，但要記住的是，所有訓練都會影響速度和爆發力。

要提升速度和爆發力，需要促成什麼適應變化？

要提升速度和爆發力，活動中的肌細胞就需要以更高的速率製造三磷酸腺苷（ATP），要長時間維持這種速率，並在過程中蓄積更多力量。這種情況下，力（force）跟肌肉收縮的肌力有關。徵召更多運動單元可以幫助達到前述目標，肌細胞的肌原纖維量也有幫助。透過適當的訓練，便能促成這些適應變化。

　　不論任何運動練習，要提升運動能力，需要產生適當的刺激（訓練）來喚醒最好的身體反饋（適應變化）。這點在提升速度和爆發力方面也不例外。對於訓練促成的適應變化，一般認知加上一點常識就能推得，速度和爆發力訓練應該會增加無氧 ATP 的生成量，進而產生肌力增加和其他身體上的改變，提升運動員的速度和爆發力。速度和爆發力訓練可以促成許多適應變化，進而提升對高強度運動的耐受力。

　　對於需要短時間、爆發性動作的運動員來說，儘管速度和爆發力訓練的重要性顯而易見，但因為人體各能量系統交錯連結，因此有氧訓練和所有運動員都有關聯。前面章節已經提到，ATP 會透過無氧（磷酸肌酸〔PCr〕和醣解作用）和有氧（克式循環、電子傳遞鏈）製程不斷製造出來，不論是在休息還是任何類型的體能活動都是如此，肌細胞僅需要根據 ATP 的製造速度，就能調整對於能量系統的依賴。舉例來說，美式足球賽中，每次攻防的平均時間雖然才約短短 6 秒，但除了短時間攻防須有爆發力之外，攻防後也要恢復期（尤其是上場比較久的球員），這些都和耐力（有氧能力）有關。

　　專項運動的訓練必定同時結合有氧和無氧 ATP 製程。即使是鉛球選手，也需要提升有氧能力，以支持他們進行高強度訓練，雖然比賽時每一次出力歷時僅有數秒而已。

基因決定了訓練成果的上限，但沒有特定基因和運動表現有關，因此沒有基因可作為標準，來預判運動能力上的成就。

速度和爆發力訓練帶來的好處

- 肌肉更強壯
- 肌肉增大
- ATP 生成更多
- ATP 製造速度更快
- 爆發力提升
- 肌纖維橫切面面積增加
- 第二型肌纖維比例提升
- 肌腱和骨骼的連接更強
- 骨骼更強健
- 反射動作增快
- 敏捷性提升
- 提升速度方面的運動表現

是什麼決定了競賽成就？

　　為什麼有些人就是擅長運動，而其他人卻難以望其項背？仔細觀察任一種運動的任一支隊伍，即使隊員都接受類似訓練，仍會發現在體適能等級、運動技巧以及競賽成就上，大家都有所不同。那麼為什麼相同的刺激下，會促成各種程度的適應變化呢？下圖提供一些見解。

健康：
傷病同時對於人體適應訓練的能力扮演重要角色。傷病會限制身體承受的整體訓練刺激，往往因此使訓練計畫停擺。適當的休息和睡眠對於維持良好健康也相當重要。

水分補充：
無論有無訓練，一整天保持良好的水分補充，不但可支持重要的全身系統功能（像是在運動中維持高心輸出量），並對細胞功能有正面影響。簡言之，水分充足的肌細胞會較容易進行合成代謝作用（組成細胞分子），水分缺乏的肌細胞則較易發生分解代謝作用（分解細胞分子）。

訓練：
哪怕有多麼天賦滿滿、衝勁十足，訓練計畫設計不當或未善加執行時，訓練也可能難以收效。

適應變化：
運動員的基因型會部分決定對訓練的適應程度。一樣的訓練內容，有些運動員就是有辦法適應得更快、更好。然而，適應變化也會受到訓練計畫的品質影響，所謂品質包括休息、恢復、營養和水分補充。

營養：
各式各樣的巨量和微量營養素可以提供燃料、修補細胞、增進成長，並刺激訓練後的適應變化。從訓練到比賽後的修復，以及相關細胞間與全身性適應變化，都可透過廣泛攝食這些營養素來達成。

基因：
基因型決定了適應變化和進步幅度的上限。優秀的運動員與生俱來的基因型，可以讓身體在各種訓練促成的刺激中形成更強的適應變化。

動力：
儘管基因型決定了訓練效果的上限，拜努力和自律之賜，渴望獲致成功的運動員往往能獲得更大的成就。

保健品：
相較於其他會影響運動能力的各大因素，保健食品的作用相當小。有些保健品沒有效，而有些則因含有管制藥物而有使用上的疑慮，這些因素讓保健品扮演的角色更形複雜。

▌運動成就受到很多因素影響，有些是運動員自身能控制的，有些則否。

如何練出速度和爆發力？

　　特定性原則（**principle of specificity**）說明了訓練的模式和強度不同，會促成不同的適應變化（可複習第 5 章）。一般認為，如果想提升百米衝刺的速度，以耐力型運動員的方式訓練不是明智之舉。所幸有許多類型的訓練方式極具彈性，可以納入任何訓練計畫內，用來提升速度和爆發力。

間歇訓練

　　早在 1930 年代，間歇訓練就已經是頂尖運動員的固定訓練方式。間歇訓練會將休息以各類形式穿插在各段訓練之間，搭配方式有無限種變化，並可以配合任何運動

身體狀況不佳的壘球員

目標：提升速度和敏捷性。減少膝蓋受傷風險。

　　下方的間歇訓練示例為時 45 分鐘，目標是執行適當的跑跳機制，同時改善股四頭肌、腿後側肌、核心肌力和體力。當體適能和動作技巧提升後，次數和組數便能逐漸提升，並可以縮短休息間隔。

- 暖身：走動、慢跑、快跑、伸展，共 15 分鐘。
- 慢跑、快跑、衝刺：距離為 30 碼（約 27 公尺），每 30 秒做 1 組，共 3 組。需要時休息。
- 棒式撐體核心運動：正面撐體、右側撐體、正面撐體、左側撐體。1 次 30 秒，共 4 次。每次間隔 30 秒休息。
- 敏捷度方陣訓練（agility square，指身體朝同一側，腳步沿著四方形區塊移動的訓練）：右側交替跳步、後退步、左側交替跳步、向前衝刺。距離為 10 碼（約 9 公尺），共 4 次。每 30 秒做 1 圈或需要時休息。
- 深蹲跳：跳到 1 英尺（約 30 公分）的高度後，以穩定的動作輕輕著地，共 8 次。
- 用彈力球做仰臥曲膝，共 10 次。
- 再一輪敏捷度方陣訓練：右側交替跳步、後退步、左側交替跳步、向前衝刺。距離為 10 碼（約 9 公尺），反覆 4 次。必要時休息。
- 收操。

項目或體能目標。從短跑選手到超馬跑者，訓練計畫可以針對任何人進行調整。間歇訓練的優點之一是可以反覆進行高強度訓練，協助將運動刺激最大化，並使訓練促成的適應變化最佳化。比起不中斷的連續運動，在各組運動訓練之間穿插休息，更能幫助身體承受較高的訓練強度。在高強度的運動下，人體的運作更加仰賴心肺呼吸系統、製造 ATP 的代謝系統、控制酸性物質生成的緩衝系統、徵召肌肉運動單元的神經系統，以及儲存和使用碳水化合物／脂肪的能力，這些需求均會在全身生成訊號，形成較強的刺激，以促成訓練後的適應反應。

　　運動強度和休息如何適當搭配（即訓練－休息比率）取決於運動員的體適能狀況和訓練目標（圖 8.1）。沒有任何訓練－休息比率能一體適用所有運動員。間歇訓練的設計應考量訓練課程的目的，以及訓練計畫的整體目標。下面列出間歇訓練的一些方法：

- 30 秒訓練，搭配 30 秒休息，持續 12 分鐘。

大學足球選手

目標：提升比賽末段的體力和敏捷性。

　　下方的間歇訓練示例為時 60 分鐘，目標是透過體適能器材，在完成敏捷性訓練和高強度衝刺前，對核心肌群和腿部肌肉進行操練。敏捷性訓練和高強度衝刺在訓練末段獲得提升後，就會知道何時增加前面訓練的次數和組數。

- 暖身：使用跑步機或腳踏車測功計 15 分鐘，到有冒汗的程度。
- 手執藥球的坐姿轉體：雙腳要離地。每組 20 下，每 45 秒做 1 組，共 3 組。
  - 側棒式撐體加轉體：每組 10 次，每 45 秒做 1 組，一側各 3 組，共 6 組。
  - 啞鈴或槓鈴硬舉：每組 8 下，共 3 組。每組間休息 1 分鐘。
    - 交互單腳跳（一腳 10 下）：每組 20 下，共 3 組。每組間休息 1 分鐘。
    - 交錯穿越訓練（在 5 碼長〔約 4.5 公尺〕的線上擺 10 個小圓錐）：衝刺通過，再走回來。共 5 次。記下累積的衝刺時間，供後續參考比較。
      - 在跑步機或腳踏車測功計上全力衝刺：每次衝刺之間進行 2 分鐘的輕度動態恢復。每次 20 秒，共 6 次。記下累積的衝刺時間，供後續參考比較。

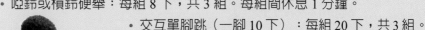
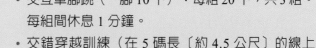

圖 8.1　根據訓練目標設定適當的訓練－休息比率。

- 3 分鐘訓練，搭配 3 分鐘休息，共 4 次。
- 20 秒全力衝刺，搭配 2 分鐘休息，共 6 次。
- 每 90 秒跑 1 趟百碼（約 91 米）短跑，共 12 次。
- 6 次衝刺登階，每 3 分鐘做 1 次。

　　環狀訓練（circuit training）是間歇訓練的一種形式，通常包含多種阻力或重量訓練（像是臥推、引體向上、二頭肌彎舉、腿部伸屈、伏地挺身等），並於每一動作間穿插短時間的間歇休息，完成所有運動就代表一個循環。法特雷克訓練法（Fartlek training）也稱為速度遊戲訓練法（speed-play training），在 1930 年代晚期發跡於瑞士，是一種將持續性訓練和間歇訓練兩者混合的訓練方式。在法特雷克訓練法中，會維持一定強度的持續性運動，並固定穿插通常持續 30 秒到 3 分鐘不等的高強度動作。近年來，研究顯示高強度間歇訓練（HIIT）可以在投入最少時間的情況下，有效提升有氧和無氧的體適能。

　　在概念上，**特定性原則（principle of specificity）**對於運動訓練仍然有實際效果，因為大多數的訓練時間本來就應該用在運動專項技能和體適能訓練的發展上。直到前不久，主流想法都是耐力型選手應該以長時間的運動訓練組別為主，來配合其耐力型運動項目的需求。間歇訓練向來是耐力型訓練的固定練法，即便如此，極短時間、高強度的間歇訓練在過去並不認為是建立耐力表現的有效方法。然而，已有研究顯示，有些類型的 HIIT 可提高耐力表現。有研究比較受訓者和未受訓者，發現 HIIT 所促成的身體適應普遍和耐力型訓練有關，像是提升肌細胞內的氧化（有氧）酵素濃度。*

* 資料來源：Gibala, M.J. 2007. High-intensity interval traning: A time-efficient strategy for health promotion? *Current Sports Medicine Report, 6*: 211-213.

決定無氧訓練的強度

　　要監測身體鍛鍊過程中的訓練強度，通常是透過心跳率、代謝當量（MET）或

HIIT 範例

・全力衝刺 30 秒	・休息 4 分鐘	・反覆 5 次	・每週訓練 3 回

好處

・增加耐力表現	・增加肌肉氧化能力	・增加肌肉肝醣量	・減少乳酸產生

運動自覺程度（RPE）。一項善加設計的訓練計畫會納入各類強度構成的身體活動，一週僅會有一小部分（如 10 至 20%）的訓練量屬極高強度。隨著運動員／學員體適能方面的提升，訓練強度自然也會增加。然而，一走出實驗室，訓練強度的監測會變得不精準。

耗氧量是測量運動強度的黃金標準，由於心跳率的變化和耗氧量的變化有關，因此心跳率是運動時較易觀察的追蹤項目。僅僅檢測一般的心跳率還不夠，還需要知道最大心跳率。最大心跳率的測定，可以透過漸進式運動測試，測量其至力竭時的幅度，或由研究人員建立的公式估算。最大心跳率（HR_{max}）的估算公式很多，算出最大心跳率，才能據此設定各種強度運動相對應的心跳率範圍（區間）。

監測心跳率可以作爲測量運動強度的工具，但必須要記得，心跳率的影響因子包括脫水、炎熱，以及可誤導心跳率反應的其他壓力。舉例來說，如果一名運動員在進行耐力型訓練時，習慣讓心跳率區間維持在 135 至 145 拍（bpm）進行訓練，只要此時發生脫水，就會讓心跳率增加，因爲心臟要跳得更快來維持心輸出量，因此訓練乍看比平常更賣力，實則不然。

MET 在心血管復健或職能治療設施等臨床環境中常常使用，針對心臟手術或損傷者監測和控制運動強度。年長者的運動計畫也可以和 MET 結合，作爲測量訓練過程的方法，了解日常生活活動所需要的體能，是否已獲得恢復或提升。

多數人是直覺性地仰賴 RPE 的變化來調整運動強度，配合自己在訓練或比賽的感受，達到對於運動的需求。教導運動員／學員正確使用簡單的 RPE 量表，在針對各類活動設定適當強度時可以派上用場。當然，RPE 量表要填答者自我評估體能活動的內容和難度，因此填答者的個別差異會造成答案有所差異。舉例來說，如果飛輪課指導員要求學員將阻力調整到「略難」的程度（相當於 6 至 20 級分 RPE 量表上的 14 到 16 級分），則全班的實際阻力設定可能會有很大的不同。其他較不投入的人可能選擇不調到指定難度。運動

研究指出，運動表現提升至一定程度後，日後即使強化核心穩定度與核心肌力，運動表現不見得會隨之成長。

員／學員若幹勁十足、經驗豐富，就會習慣督促自己，並全力投入，以配合訓練和比賽的需求。

增強式訓練

對於想要提升爆發力和速度的運動員，增強式訓練常常是關注的重點。透過肌肉收縮前先行伸展，可以增加肌肉收縮的力量和爆發力。幾乎所有人體動作（特別是運動產生的動作）都包含了離心收縮（拉長）和向心收縮（縮短）。增強式訓練（像是跳箱或跨步跳／跨步推蹬）能幫助運動員在伸縮時表現更好。增強式訓練的可能效果如圖 8.3 所示。

要記得，離心收縮雖然是增強式訓練的一部分，但也可能因為離心收縮而增加肌肉損害和受傷的風險。所以運動員／學員在習慣訓練動作前，應謹慎以低強度展開訓練。

離心收縮可以透過增加肌肉量、提升肌肉成長速率、增長肌纖維束、增加第二型（快縮型）肌纖維的肌節數目，以促進肌力和肌肉量。

增強式訓練常常伴隨著肌肉損傷，促使衛星細胞運作，進而增加肌肉量和肌力。

正確的落地動作可以伸展股四頭肌和臀肌的彈性成分，以及相關結締組織（如肌腱等）。這時的彈力負荷會施加到相關肌肉的後續收縮上，提升力量和爆發力。

理論上，增強式訓練應該會提升骨密度和結締組織的強度。

女性在進行彈跳訓練時，因為在結構上膝關節角度和男性有所差異、股四頭肌和大腿後側肌力較弱、落地時的生物機制，以及荷爾蒙對結締組織的影響，膝蓋受傷的風險會比男性更高。

▌圖 8.2　增強式訓練能促成數種適應變化，包括更能蓄積爆發力。

交叉訓練

　　交叉訓練可以為鍛鍊帶來多樣性，也能發展出相輔相成的新技巧，並促進適應變化，以針對運動專項的訓練，彌補有所不足的地方。除了會犧牲發展專項運動技巧和體適能的時間，否則交叉訓練的風險應很小。三鐵選手是說明交叉訓練的好例子，選手要進行游泳、自由車和跑步等訓練，通常還要一併鍛鍊肌力和柔軟度。其他需要交叉訓練的例子包括角力和游泳選手，需要從事跑步和飛輪訓練；美式足球和籃球選手參加有氧舞蹈課程；冰球選手會進行環狀訓練。適當的交叉訓練應該考量到受訓者在生理和心理上的多樣性，並配合整體訓練計畫。好的交叉訓練應有妥善規劃的目標，以籃球選手而言，要事先清楚知道有氧舞蹈的預期效果，以及和訓練需求之間的相關性，去跳有氧舞蹈才有意義。下方列出的注意事項，用於將交叉訓練納入運動員的訓練課表：

- 適當的肌力訓練不會抵消耐力型訓練的成果。換句話說，肌力訓練可以納入耐力型運動員訓練計畫，不用擔心會干擾到耐力型相關的適應變化。

- 過多的耐力型訓練會抵消肌力訓練的成果。研究指出，肌力訓練和耐力型訓練若同時進行，會抵消部分肌力訓練的成果。若受訓者的首要目標是加強肌力，則設計訓練計畫時要特別注意此點。比如說，運動員因為受傷，有一隻腿已數週無法移動時，肌肉量和肌力會流失。在回歸賽場的鍛鍊計畫中，如果太快加入耐力型訓練，可能會抵消所練出的肌力。

- 交叉訓練可以提升耐力、肌力和爆發力，進而提升整體運動表現。

- 對於容易受傷的運動員，交叉訓練也可幫助減少過度訓練和過度使用導致的風險。交叉訓練也可納入傷後回歸賽場的訓練計畫中。

將阻力訓練和耐力型訓練兩者結合，可能會產生干擾，導致肌肉量、肌力和爆發力的提升受到限制，原因在於耐力型訓練刺激的胞內訊息，會限制肌肉中收縮性蛋白的合成。

保健食品之於速度和爆發力

上百種運動補充品聲稱能提升速度和爆發力，但僅有少數有足夠的科學依據支持。唯有透過適當的訓練和正確的營養補充，兩者相輔相成之下，才能幫助身體於訓練後促成適應變化。合適的運動保健品可能會小幅度提升運動表現，但前提是已有適當訓練的穩固基礎，並搭配以食物為主的營養攝取。

有些保健品已證實與速度與爆發力的提升有關，至少有實驗數據可佐證。肌酸和 $\beta-$丙胺酸是兩種已證實可增強速度和爆發力的保健食品。針對反覆性的高強度運動，肌酸補給品已證實可提高表現，因此對於反覆的爆發性動作訓練，補充肌酸可能會有助於提升表現。$\beta-$丙胺酸是一種胺基酸補給品，可以提升肌細胞對乳酸的緩衝能力，幫助肌肉維持高強度的輸出。

在推薦保健品給運動員／學員之前，必須思考其中的利弊關係：效果會顯著嗎？如果有，是否對健康有疑慮？或是否因為含違禁成分，而影響比賽資格？其中的考量相當複雜，最好尋求有科學根據的建議。對此，可諮詢運動營養師。運動營養師有營養師執照（英文縮寫為 RD，即 registered dietitian），並具備運動營養學的專業知識，可針對保健食品的攝取評估相關利弊（以美國而言）。

第 9 章

練出有氧耐力

要增加運動強度和長度，關鍵在於身體要能同時適應有氧和無氧訓練。

當提到有氧耐力型運動，腦中自然會浮現跑馬拉松、越野滑雪、公路自由車、開放式水域游泳……等歷時長的運動和活動。畢竟，要在這些運動取得頂尖表現，需要強大的有氧能力。換句話說，和其他能力值相比，要在耐力型賽事中拔得頭籌，會需要更高的最大耗氧量（$\dot{V}O_{2max}$）。然而，在日常生活中，有氧訓練也扮演同樣重要的角色。許多頂尖的男性耐力型運動員 $\dot{V}O_{2max}$ 超過 70 毫升／公斤／分鐘，頂尖女性耐力型運動員則是超過 60 毫升／公斤／分鐘；相較之下，有些人的 $\dot{V}O_{2max}$ 可能只需要 15 毫升／公斤／分鐘，就能完成日常活動。另一方面，久坐不動的年輕男女 $\dot{V}O_{2max}$ 約為 30 到 40 毫升／公斤／分鐘。適當的訓練可以顯著增加 $\dot{V}O_{2max}$，而增加幅度的影響因素眾多，僅有部分可由運動員／學員本身自我掌控。

有氧訓練主要會促成哪些適應變化？

　　肌肉透過氧氣來製造三磷酸腺苷（ATP），用以收縮肌細胞，並為全身組織提供燃料。在休息時，呼吸會變得緩慢，但所維持的速率足以讓肺臟能攝取充足的氧氣，並排出從能量代謝中產生的二氧化碳。氧分子進入血流，和紅血球中的血紅素分子鍵結，透過大動脈、小動脈和微血管輸送到各個細胞。一進入細胞，氧分子便會進入粒線體，於電子傳遞鏈中利用，以繼續製造 ATP。運動期間，下列身體運作都會加速：呼吸速率和深度增加、心跳率加快、左心室灌注更多血量、心輸出量增加、小動脈擴張，以及更多血液流過微血管。在肌細胞內，輸氧量的提升也會加速肝醣分解、脂肪酸分解代謝、醣解作用、乳酸生成，以及克氏循環和電子傳遞鏈的運作。這些反應全都能由一項測量值反映：最大耗氧量（$\dot{V}O_{2max}$）。$\dot{V}O_{2max}$ 愈高，肌肉在生產製造肌肉收縮所需的 ATP 時，生產速率就會愈快。

　　$\dot{V}O_{2max}$ 的增加，是耐力型訓練促成的眾多適應變化之一。也因為還有其他影響因子，即使 $\dot{V}O_{2max}$ 再高，也不見得能有效衡量耐力表現成功與否。舉例來說，$\dot{V}O_{2max}$ 達 55 毫升／公斤／分鐘者，會比 40 毫升／公斤／分鐘的人還有競爭優勢，這點雖然無庸置疑，但若再跟 $\dot{V}O_{2max}$ 50 毫升／公斤／分鐘的人競賽，孰優孰劣就很難說了。基本上，人體吸入空氣後，會將氧氣輸送至活動中細胞的粒線體，而 $\dot{V}O_{2max}$ 單純用於測量此輸氧能力。$\dot{V}O_{2max}$ 的上限很大一部分取決於心臟打出血液的能力，也就是心輸出量。心輸出量的上限則不僅是耐力型運動能力的影響因子，也會影響生活起居中自我照顧的能力。不是所有人都夢想當一名耐力型運動員，但一定每個人都希望有能力照顧好自己的生活起居。不論是要提升身體活動表現，或只是要增加生活品質，人們投入訓練

粒線體中含有超過 1,000 種不同的蛋白質。透過訓練，可以提升細胞內粒線體與粒線體內抗氧化物的數量，以及各式各樣的蛋白質，這些蛋白質可保護肌細胞，免於承受壓力。

要活就要動
生活中多動，對未來健康好處多多。

提升體適能

憂鬱症
代謝症候群

整天坐著
久坐的人是許多疾病的高危險群。

高血壓

第二型糖尿病

減少跌倒和意外發生

提高術後存活率

心血管疾病

大腸癌

乳癌

提升生活品質

延長預期壽命

中風

提高所有死因的致死率

圖 9.1　經常運動和體適能的提升，可以幫助減少很多疾病和症狀。

的目的都是要促進身體機能。

　　對運動員來說，最重要的適應變化就是運動表現的提升。如何提升運動表現，也是運動科學家關注的重點，因為增進運動能力不只對運動員很重要，對於社會大眾亦然。進一步探究原因，提升有氧體適能和降低非傳染性疾病的風險（如心臟病、肥胖、糖尿病等）、提升術後恢復能力，以及圖 9.1 所列的其他健康事項都有關係。

為什麼 $\dot{V}O_{2max}$ 對耐力很重要？

　　由 $\dot{V}O_{2max}$ 數值看出的有氧能力，反映了肌肉從碳水化合物（葡萄糖）和脂肪（脂肪酸）的有氧代謝中製造 ATP 的能力。要提升體適能和耐力表現，就必須增強有氧製造 ATP 的能力。這種能力會反映在 $\dot{V}O_{2max}$ 上，$\dot{V}O_{2max}$ 愈高，製造 ATP 的能力就愈好，愈能持續製造。

　　如之前提到的，$\dot{V}O_{2max}$ 數值最高的運動員，不見得運動表現就名列前矛，有很多

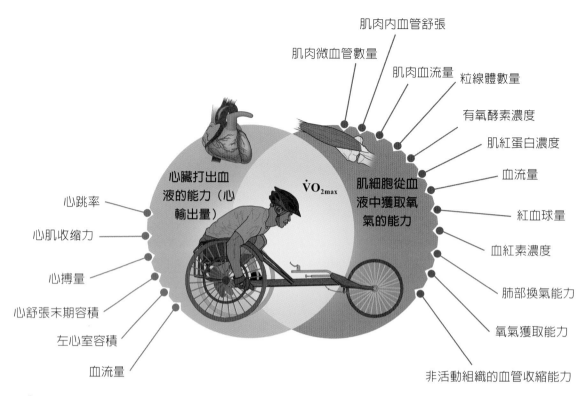

肌肉內血管舒張

肌肉微血管數量

肌肉血流量

粒線體數量

有氧酵素濃度

肌紅蛋白濃度

血流量

紅血球量

血紅素濃度

肺部換氣能力

氧氣獲取能力

非活動組織的血管收縮能力

心臟打出血液的能力（心輸出量）

$\dot{V}O_{2max}$

肌細胞從血液中獲取氧氣的能力

心跳率

心肌收縮力

心搏量

心舒張末期容積

左心室容積

血流量

▌圖 9.2　影響 $\dot{V}O_{2max}$ 的因素。

因素會交錯影響運動員的成績。在耐力型的運動項目中，$\dot{V}O_{2max}$ 固然只扮演其中一個因素，卻是完成耐力型比賽的主要影響因子之一。

　　運動員／學員若想自我提升身體耐力，訓練份量和類型都要正確，才能達到所設立的運動表現目標。圖 9.2 針對提升 $\dot{V}O_{2max}$ 的影響因子，彙整了主要的生理變化。訓練計畫搭配營養、水分補充和休息等項目，應能全面促成圖中所列的反饋內容。

哪些因素會影響有氧能力的提升量？

　　毫無疑問，答案就是「訓練」。落實耐力型訓練計畫，或許是決定有氧能力（評估指標為 $\dot{V}O_{2max}$）提升幅度的不二法門。然而，每個人對於有氧訓練計畫的反饋程度都不同。以下是決定 $\dot{V}O_{2max}$ 整體提升程度的各種因素：

　　• 基本體適能：相較於訓練初期 $\dot{V}O_{2max}$ 較低的人，訓練前 $\dot{V}O_{2max}$ 較高者，其進步幅度會較少。

　　• 遺傳：基因決定了訓練能提升多少 $\dot{V}O_{2max}$。

- **性別**：相較於受訓內容相同的男性，女性的 $\dot{V}O_{2max}$ 通常會低 10 到 15%。

- **高度／低度反應者**：基因（遺傳）也會決定對於訓練的反饋程度。高度反應者比低度反應者進步更快，且程度更大。

- **訓練**：即使 $\dot{V}O_{2max}$ 藉由訓練達到高點，無法再突破，耐力型的表現仍然可以展現在動作經濟性和無氧閾值方面。

肌肉內的粒線體分別位於肌原纖維之間和肌纖維膜下方。這兩種不同類型的粒線體對於訓練的反饋可能也不同。

無氧（乳酸）閾值為何重要？

乳酸於高強度運動時會堆積在肌細胞，此時有些乳酸會滲入血流中，提高血液中的乳酸含量。在耐力型運動時，血液中的乳酸含量會從休息時的數值開始上升，之後會緩慢升高，直到到達臨界值。如果運動強度飆升，血液中的乳酸會開始累積，導致活動中的肌細胞更加依賴醣解作用（即無氧代謝）來製造 ATP。若運動強度一直沒有減少，身體就會開

種族因素在耐力表現上扮演什麼角色？

從 1960 年代晚期開始，來自衣索比亞和肯亞等國的東非跑者，至今在中長距離的賽跑大放異彩。是遺傳體質（即基因組成）賦予這些東非跑者競爭優勢，讓其他種族望塵莫及嗎？或者，可歸功於高海拔生活或孩童時期開始的高活動量等非遺傳因素，讓這些東非跑者在長距離賽跑拔得頭籌？這個疑問還未獲得解答，但以下關鍵因素交互作用，可能是東非跑者成為長跑常勝軍的原因。

- 遺傳：基因組合賦予與生俱來的出色有氧能力。
- 孩童時期大量的身體活動：整個孩童時期就累積大量的跑步與走路活動。
- 高海拔生活與訓練：提高血紅素、血球容積比，以及總血流量。
- 體型和身材：修長的腿和較短的軀幹，有助於提升運動中特定動作的效率性或效能（動作的經濟性）。
- 肌纖維類型：第一型肌纖維比例較高，並有較出色的氧化能力。
- 傳統飲食：能幫助快速恢復，並促進訓練適應。
- 經濟動力：一般認為於長跑比賽取得佳績，是改善社經地位的一種方式。

運動員的 $\dot{V}O_{2max}$ 無氧閾值若能從 75% 增加至 88%，則即使 $\dot{V}O_{2max}$ 總值沒有改變，可維持的跑速也能加快。

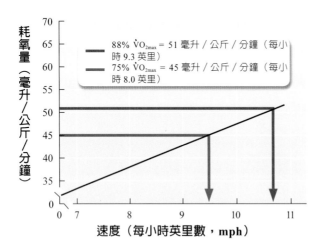

圖 9.3 即使 $\dot{V}O_{2max}$ 沒有增加，身體的無氧閾值提升後，跑速也能更快。本圖簡單顯示無氧閾值提升後（$\dot{V}O_{2max}$ 從 75% 增加到 88%），跑速能維持在明顯更快的節奏。

資料來源：Based on W.L. Kenney, J.H. Wilmore, and D.L. Costill, 2015, *Physiology of sport and exercise*, 6th ed. (Champaign, IL: Human Kinetics), 265.

始難以維持加快的步調，過不了多久，就會達到疲勞的臨界點，而身體節奏也會被強制放慢。

　　適當的訓練可以增加無氧閾值，並減少乳酸的累積。這代表即使 $\dot{V}O_{2max}$ 持平，身體節奏也能加快（見圖 9.3）。

乳酸如同燃料，心臟和骨骼肌可以利用乳酸來促進表現。

耐力表現的影響因素還有什麼？

　　要記得，有氧能力和耐力表現不能混為一談。兩者固然有關聯性（即有氧能力出色的人，通常會有較好的耐力表現），然而在訓練的帶動下，有氧能力最終達到高點後就無法再攀升，耐力表現卻能積年累月持續進步。

　　所有運動項目都有一項重要特點，即身體移動產生能量消耗，這項概念可用**動作經濟性**（economy of movement）表示。動作經濟性通常視為耐力型運動的關鍵，因為運動時若動作經濟性不佳，投入的 ATP 能量就無法完全幫助身體

向前邁進。要簡單說明動作經濟性的重要性，可以用跑步時的過度後勾腿動作（excessive bouncing）當作例子，每一次後勾腿都需要徵召未用於身體前進的能量。在每一次後勾腿中，有些流失的能量是彈性能量，而非 ATP 能量，但對於運動員來說，捕捉肌肉和結締組織中的彈性能量，並化為向前位移的動能，是很重要的。

　　圖 9.4 顯示運動科學家認為會影響耐力表現的決定因素。耐力型運動員的訓練計畫應該根據這些特質來制定。

有些運動科學家認為，在 100 英里長跑等超耐久活動中，跑步經濟性的影響並不如其他運動表現的決定因素（像是乳酸閾值）。

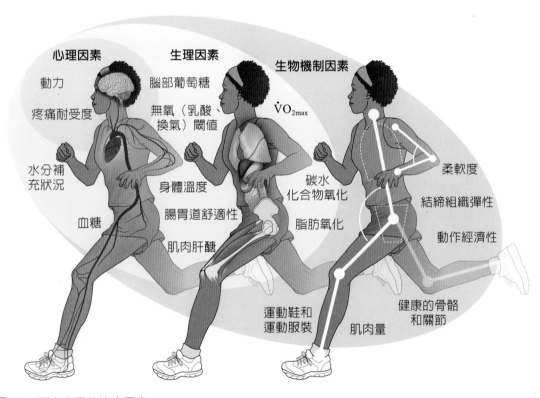

心理因素
動力
疼痛耐受度
水分補充狀況
血糖

生理因素
腦部葡萄糖
無氧（乳酸、換氣）閾值
身體溫度
腸胃道舒適性
肌肉肝醣

生物機制因素
$\dot{V}O_{2max}$
碳水化合物氧化
脂肪氧化
運動鞋和運動服裝
肌肉量
柔軟度
結締組織彈性
動作經濟性
健康的骨骼和關節

▌圖 9.4　耐力表現的決定因素。

血球容積比是什麼？為什麼要在意這項數值？

血球容積比（hematocrit，簡稱血比容或血容比）是科學名詞，用來指紅血球在血液中的體積百分比。人體血容比的測定流程相當簡單，但仍宜由具血容比測定經驗者在實驗室中進行。測定時，會抽取少量血至玻璃毛細管內，將毛細管放入旋轉的離心機中，使紅血球從血漿裡分離出來。針對毛細管內整體成分，測量含有紅血球的高度占整體多少百分比，便可得出血球容積比。

正如所有生物學中的標準，並沒有一個數值代表正常。以男性來說，血球容積比通常是45%，換句話說，45%的血液體積是紅血球。女性的話，正常攝取水分的狀況下，血球容積比的平均大約是40%。脫水會不自然地造成血球容積比增加，起因是血漿體積減少。

血液回輸技術和注射紅血球生成素（EPO）已有一些耐力型運動員使用，以增加紅血球數量、提升血球容積比和血液的攜氧能力，進而促進運動表現。有些運動員天生擁有較高的血球容積比，但大多數人的血球容積比則較低（正常範圍是男性41%到50%，女性36%到44%）。

有些人會誤以為只要受訓數月，身體就會對訓練產生反饋，因而產生更多的紅血球（RBC），讓血球容積比上升。然而，如圖所述，訓練後正常的身體反應是，血球容積比會微幅下降，因為即使身體製造了更多的紅血球，血漿體積（血液中的液體部分）的增加仍比紅血球增加的量還多。血液則依然能攜帶和輸送更多的氧氣，因為紅血球數量和血量都提升了。

血球容積比若超過50%，會增加心臟問題、血栓和中風的風險，因為血流的黏稠性隨著血球容積比而上升，讓心臟更難把血液打出，因而更可能發生血栓。

總血量 = 5 公升
血球容積比 = 44%

總血量 = 5.7 公升
血球容積比 = 42%

2.8 公升
血漿量

3.3 公升
血漿量

2.2 公升
紅血球

2.4 公升
紅血球

訓練前　　　　　訓練後

藉由訓練，血球數量和總血量都會增加，因此訓練後的血球容積比實際上會降低，這是因為血漿體積增加得比血球的數量還多。

資料來源：Reprinted, by permission, from W.L. Kenney, J.H. Wilmore, and D.L. Costill, 2015, *Physiology of sport and exercise*, 6th ed. (Champaign, IL: Human Kinetics), 271.

提升有氧耐力的最好方式是什麼？

　　要提升耐力表現，沒有最好的單一方法。各領域的耐力型運動員能獲致成功，都是利用各式各樣的訓練方式。或許最好的引導原則就是，訓練的調整必須配合運動員的生理／心理特質，以及居住的地方。相較於大都市的耐力型運動員，居住在鄉村山間地帶的運動員其訓練方式也有所不同。或許兩位都能成為頂尖運動員，但訓練的方式會有所不同。

　　耐力型運動員可以藉由各種距離的間歇訓練（包括反覆的百米衝刺），成功挑戰國際賽事和奧運。許多運動員透過長距離慢跑（LSD）提升能力，閾值訓練的用意則是提升無氧閾值。跑坡訓練法、法特雷克訓練法（一種速度遊戲訓練法，針對長時間訓練，提高不同區間的配速）、高強度間歇訓練、肌力訓練、柔軟度訓練等，都可以打造出成功的耐力型訓練計畫。對於運動沒興趣但想提升體適能的人，這道理同樣適用。所有的訓練方式也可套用在低強度的走路、游泳、腳踏車和其他活動上。

　　如果每一類訓練都會帶來特定的成果，則多數耐力型運動員的訓練，應該著重於能由碳水化合物和脂肪進行 ATP 有氧製成的體能活動。既然知道這個簡單的道理，為什麼耐力型運動員仍應投入無氧訓練？常識上，會認為耐力型運動

耐力型運動員訓練計畫的首要目標應為提高心輸出量、無氧閾值，以及訓練的經濟性。

高強度無氧訓練的好處和特色

- 高強度間歇訓練能同時提升肌細胞內的有氧和無氧 ATP 製造量。
- 先進行持續 20 秒到 3 分鐘的反覆衝刺或高強度訓練，再投入低強度活動，如此能提升無氧和有氧能力。
- 高強度間歇訓練僅需要 20 分鐘就能完成。
- 在提升耐力表現方面，少量的高強度間歇訓練所能帶來的效果，和大量的傳統耐力訓練相同。
- 高強度無氧訓練不應該完全取代傳統有氧訓練，但可以經常讓耐力型運動員從事高強度無氧訓練，作為提升運動表現的新挑戰。

員需要衝刺能力，這屬於無氧能力，用於快速追過競爭對手，在終點線前展開最後衝刺，這樣的見解是多數人的認知來源。然而，如前一頁下方內容，耐力型運動員還能透過其他方式，從高強度無氧訓練中獲益。

簡單來說，高強度無氧訓練能帶來的好處，為幫助耐力型運動員維持衝刺能力，並提供額外的刺激，促成提升有氧能力所需的適應變化。

高強度訓練的其他變化也有助於有氧能力和耐力表現。透過將重複的高強度訓練組別穿插在耐力訓練中，乳酸閾值、無氧能力甚至有氧能力都能獲得提升。舉例來說，在一小時長跑、自由車或越野滑雪訓練中，反覆穿插無氧訓練：先進行一次 3 分鐘的高強度運動，再進行一次 5 分鐘較緩和的運動，可以提升無氧閾值。這種速度遊戲訓練法（即法特雷克訓練法）和傳統的間歇訓練法搭配，兩者能持續衍生出各式各樣的變化，為耐力型訓練增加多樣性和高強度挑戰。

耐力型運動員應該投入肌力訓練嗎？

在第 8 章已略提過這個話題：肌力訓練對耐力型運動員來說是件好事，簡單來說，耐力型訓練的效益不會因為肌力訓練而減少（但是耐力訓練如過多，會減損肌力訓練的效益）。肌力訓練計畫如果設計得當，可以幫助耐力型運動員維持甚至增加肌肉量，這在漫長的訓練過程中是很重要的適應變化。

雖然耐力型跑者和自由車運動員身材通常偏精瘦，但維持足夠肌肉量對於持續性運動的表現仍很重要。若因為訓練份量過重，能量（熱量）攝取不足，導致肌肉量流失，會因此對運動表現有不良影響。一週兩次、每次 30 分鐘的肌力訓練計畫，即足以防止肌肉量流失。

開放式水域游泳、鐵人三項、自由車以及越野滑雪等項目的選手均屬於耐力型運動員，這些專項運動中，上下半身肌肉系統是獲致出色表現的重大關鍵。休賽季和賽季間的肌力訓練，對於強化肌力，以及維持或增加肌肉量是不可或缺的，產生這些適應變化，才能讓耐力型運動員在訓練和實際出賽表現都更上層樓。

　　舉例來說，如果有一名長泳者賽季前闊背肌的最大肌力是 100 磅（約 45 公斤），而每場比賽的單次手臂出力時都需要注入 65 磅的力量（約 29 公斤），代表會反覆用到闊背肌最大肌力的 65%。如果該選手能將闊背肌的最大肌力提升到 120 磅（約 54 公斤），則泳速相同時，就只需要用到最大肌力的 54%，運動時會更不費力。若該選手提升運動速度，讓身體運用最大肌力（120 磅）的 65% 時，投入運動的力量會達到 78 磅（約 35 公斤），此時費力程度和過去相同，速度卻能更快。

對於短跑和團體項目的運動員來說，為何耐力表現很重要？

　　無論是何種運動項目或是體能活動，對於所有的運動員／學員來說，增加有氧能力是避免疲勞最主要的方法。由於反覆的激烈動作後，若想要恢復，需要透過有氧代謝作用，因此即使是高強度運動，也會對運動員的有氧能力帶來壓力。此外，低強度運動（像是高爾夫和棒球）的有氧需求則更重要，因為這些運動會花費較多的時間。

　　疲勞會限制所有運動項目的表現，提升有氧能力可以延遲疲勞的發生、促進運動表現，即使是非耐力型運動也能獲益。這類活動不需要在比賽時依賴 ATP 的有氧製程，但提高有氧能力，同時有助於持續專注和在反覆激烈動作後恢復，並能更耐熱。

　　這並不是說棒球選手的受訓方式需要像越野跑者一樣，而是說棒球員能從有氧能力的訓練中獲益。這類訓練不會在選手的整體訓練內容中占有太大比例，但仍不應該忽略。

疲勞對運動表現的影響

- 爆發力降低
- 專注力和警覺性下降
- 敏捷性和協調性下降
- 肌力下降
- 速度減慢
- 反應和移動次數變慢
- 受傷風險增加

PART III

特殊情境下的訓練

第 10 章

高熱、寒冷和高海拔等環境下的訓練

在不同的環境中訓練和比賽，形同一道特殊關卡，讓身體更難發揮出最佳表現。

溫度和海拔都是環境中的壓力源，會影響身體對運動產生的生理反應，以及維持速度和爆發力的能力。簡單來說，和冷天或熱天相比，在涼爽天氣時的運動表現往往較佳。許多賽事在高海拔環境展開時，運動員的運動表現會降低，但也有一些運動項目可以看到競賽表現提升，後者如短跑、跳遠，以及一些投擲項目的競賽。

在本章中，將會一次提到所有的環境壓力源，說明身體如何調整和適應，以面對多變的環境。

在高溫環境下運動，會降低運動表現

其實不用到多熱，運動表現就會下滑。研究指出，與環境溫度在華氏 40 到 60 度（攝氏 4.4 至 15.5 度）時相比，在超過華氏 60 度（攝氏 15.5 度）的情況下進行長時間運動，就足以損害運動表現。當溫度超過華氏 60 度時，對運動表現的負面效果就會更加明顯。在炎熱的環境中運動會對心血管形成很大的壓力，不只是因為心臟需要將大量的血液打到活動中的肌肉，也要提供動力讓大量的血液循環到皮膚，讓身體中的熱能逸散到周遭環境中。另外，腦部對於熱也非常敏感，所以只要體內（核心）溫度升得太高，腦部就會開始嘗試減緩身體運作和生熱，以防止核心溫度飆高。

圖 10.1 顯示運動時熱能生成與流失（熱平衡）的要點。運動過程中製造的熱能需要逸散到周遭環境中，以避免身體升溫過快。在激烈的運動過程中，大多數的熱能會由皮膚表面**蒸發的汗水**（evaporation of sweat）帶走。天氣涼爽或位於涼快的室內時，熱能也會透過**輻射**（**radiation**）的方式，從溫暖的身體傳到溫度較低的環境中。在有風的天氣或在電

> 人類是恆溫動物：休息時的核心溫度會調節在一段狹窄的範圍內（攝氏 36.1 至 37.8 度，相當於華氏 97.0 至 100.0 度）。

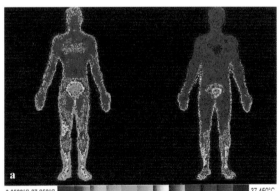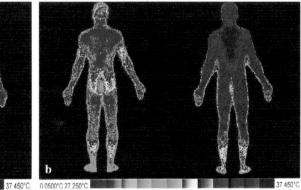

上方紅外線圖顯示在炎熱、潮溼的戶外跑步後，人體的熱能從 (a) 正面與 (b) 背面逸失的情形。兩組圖像中，跑步前測量為左圖，跑步後測量為右圖。

資料來源：From Department of Health and Human Performance, Auburn University, Alabama. Courtesy of John Eric Smith, Joe Molloy, and David D. Pascoe. By permission of David Pascoe.

風（或是在靜止空氣中移動）可以透過對流（空氣流過身體）來增加散熱。

來自太陽的熱能

當周遭環境的溫度低於體溫時，血液中的熱能便會透過皮膚輻射到周遭環境中。

天氣炎熱時，熱能會從地面輻射到身體上。

當體溫提升到足夠的程度時，身體便會啓動汗腺，開始流汗。當汗水從皮膚上蒸發時，熱能便會迅速離開身體。運動時，流汗是最重要的散熱管道。

活動中的肌肉所製造出來的熱能，會被血液循環帶出，並運輸到身體其他部位，包括皮膚。

圖 10.1　在運動時，因為肌肉會生成熱能，所以體溫會自然上升。而熱能必須釋放到周遭環境中，避免留在身體內，致使體溫飆升到發生危險的程度。根據周遭環境的情況，熱能的獲得和逸失有許多方式。

風扇前運動時，**對流**（convection）也能幫助身體帶走更多熱能。**傳導**（conduction）是身體獲得或流失熱能的最終管道，但這種方式需要身體直接接觸溫度較高或較低的物體。冰球選手倒在冰球場上時的體溫流失，便是熱傳導的例子之一。

　　脫水和體溫過高有密切關係，這是因爲心臟會協助輸送血液至活動中的肌肉，或是提供血液給皮膚幫助散熱，然而人體若發生脫水，這樣的能力便會降低。運動過程中保持體內水分，則可以幫忙維持血流量，並保護心臟輸送血液到肌肉與皮膚的能力。

　　以實際觀點來看，要在嚴酷的訓練或比賽中有最好的運動表現，周遭環境涼爽總是會比溫熱好。熱身應該做到讓身

環境炎熱造成的壓力不能僅用溫度來計量。周遭風速、溼度、輻射和溫度都會有影響。

體上的肌肉暖和起來即可，而非將內部溫度提升到太高。有些運動員會穿著低溫背心、浸泡冷水、在有空調的空間休息、攝取冰涼的飲料或冰沙，在全力運動前事先降低體溫。這是因爲研究顯示，預先降溫可提升炎熱環境下的運動表現。

在高溫下訓練，可提升炎熱環境中的比賽表現

　　究竟爲什麼在炎熱環境下運動有損運動表現，但在炎熱環境中訓練卻能提升呢？和涼爽環境相比，在炎熱環境中的運動表現向來較差，因爲人體可投入循環的血液量是固定的。當身體需要散熱時，血流會大量匯聚到皮膚，就會導致流到肌肉中的血流量不足以維持巔峰的運動表現。然而，由於身體在適應炎熱環境時會發生許多適應反應，因此在炎熱環境中進行訓練，讓身體**適應**（acclimated）周圍環境溫度，就能提升所有環境下的運動表現。爲了促成前述適應變化，很多頂尖運動員會執行熱適應訓練（heat acclimation），提升在各類天候下的運動表現。

流汗降溫

　　大家都流過汗，知道流汗的感覺，但很少人知道身體在活動或處於高溫時，流汗究竟有多重要。只要核心體溫攀升到**發汗閾值**（sweat threshold）之上，在皮膚中的汗腺就會開始產生汗水。人類嬰兒自呱呱落地開始，便擁有約 200 萬條汗腺，之所以能在炎熱環境中生存，或能進行激烈的身體活動，便是因爲這些汗腺分泌水分到皮膚表層。當水分子自皮膚蒸發，熱能便逸失到周遭環境中。事實上，在進行高強度運動時，肌肉所產生的熱能有八成會透過汗的蒸發散逸到空氣中。而那些從身上滴落但沒有蒸發掉的汗水，則沒有降溫的功能。

　　人會汗流浹背，狗會伸舌喘氣，這兩個動作的功用殊途同歸，但流汗的散熱效果更好，流汗是在炎熱環境中能保持安全降溫的有效手段。這也簡單說明了爲什麼相較於大多數動物，人類能在炎熱的環境中進行長時間的體能活動。沒有辦法流汗的動物即使透過喘氣來散熱，仍趕不上運動的生熱速度。對人類來說，當體溫增加到稍微超出正常休息溫度（華氏 98.6 度，相當於攝氏 37 度）時，腦部的下視丘便會察覺到溫度的增加，並透過交感神經系統的訊號，擴張皮膚中的血管和啓動汗腺（見圖 10.2）。

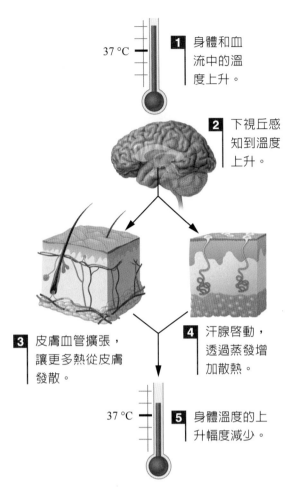

1 身體和血流中的溫度上升。

2 下視丘感知到溫度上升。

3 皮膚血管擴張，讓更多熱從皮膚發散。

4 汗腺啟動，透過蒸發增加散熱。

5 身體溫度的上升幅度減少。

圖 10.2　流汗是體溫調節的重要一環，這是因為流汗是主要的散熱方式，協助人體在運動中將熱能發散到周遭環境，並將體內溫度維持於安全範圍。

　　眾所周知，處於又熱又溼的環境中會有多不舒服。由於溼度會影響汗的蒸發，空氣中的相對溼度會影響散熱率。當空氣中充滿水氣時（溼度 100%），汗水就沒有辦法從皮膚蒸發到周遭環境中，因此理論上汗水是無法蒸發的，因為周遭的空氣已經布滿了所能容納的最多水氣。相對地，當空氣中的溼度非常低時，汗水便能快速從皮膚表面蒸發，快到不會意識到正在流汗。這種劇烈的蒸發可以有效帶走熱能，但也增加脫水的風險，因為皮膚和衣服被汗浸溼後，會讓人發覺水分正在流失，因此應該補水。當溼度攀升到超過 50% 時，身體散熱會愈來愈困難，並增加熱衰竭和中暑的風險。

在炎熱環境中運動的危險

　　身體將熱釋放到周遭環境中的能力是有限度的。當達到極限時，在運動持續的情況下核心溫度就會繼續上升。若體內溫度來到攝氏 40 到 41 度（華氏 104 至 106 度），大腦將只能耐受一小段時間。核心溫度的提升速率和運動的強度、時間長度以及環境狀況有關。在溼熱的情況下進行高強度運動，會導致核心溫度快速攀升到危險等級。事實上，如果散熱不順，只要以 10 分鐘跑 1 英里（1.6 公里）的速率跑步，在 15 到 20 分鐘之間，體溫就會上升到危險區域。如果核心溫度維持高檔，在短短幾分鐘之內就可能**中暑**（heat stroke）。中暑通常會導致生命危險，這是因為身體若處於高溫太久，會損害腦部功能，並造成全身蛋白質被分解，進而導致器官衰竭與死亡。

　　熱痙攣和熱衰竭也屬於因熱造成的身體不適，不過不會導致生命危險。**熱痙攣**（heat cramps）是因為同時進行高強度運動和發生脫水而造成。對於一些運動員來說，大量的鈉離子從汗水中流失，會導致嚴重的全身肌肉痙攣。熱衰竭（heat exhaustion）則是因為脫水導致心輸出量減少，並使身體產生不尋常的疲倦，以及頭輕腳重的暈眩感。在涼爽的區域中休息，喝下冰涼飲料，通常即足以減緩熱痙攣和熱衰竭的狀況。

　　有些運動員死於中暑，部分原因是他們在炎熱的環境中過度運動太久。運動員不僅要了解運動過程的熱平衡，要能

即使從事同一活動，每個人的流汗率都有極大差異，幅度為每小時低至約 300 毫升（10 盎司），到超過 3,000 毫升（100 盎司）不等。

對於因熱造成的身體不適，有可能會增加風險的因子

- 運動強度
- 空氣溫度
- 高溼度
- 風速
- 太陽以外的其他熱源（如天花板照明、暖氣、熱水池）
- 脫水
- 會妨礙散熱的衣褲和裝備
- 身體狀況不佳
- 身體對高溫不適應
- 生病
- 宿醉

在炎熱天氣下安全運動，對於因熱造成的身體不適，也同時要認知其主要風險因子。

　　中暑是醫療上的緊急狀況，常常伴隨著體力不支、意識混亂，以及有時出現意識不清的情形，必須盡速處理。中暑的其他症狀包括身體核心溫度超過華氏 104 度（攝氏 40 度）、心跳率上升、血壓下降，以及呼吸變急促。在緊急救助支援到達之前，應將中暑運動員的身軀泡入冰水中，以快速降低核心溫度。如果沒有辦法進行冰水浴，可以透過冷水和溼毛巾持續降溫，這些步驟可以挽救生命。

熱瑜珈：確有其效或是過譽？

　　熱瑜珈（Bikram 式熱瑜伽）為一種瑜珈運動的方式，是在溫度維持接近華氏 104 度（攝氏 40 度）及相對溼度 40% 的環境下，進行包含 26 種瑜珈姿勢的訓練課程，為時 90 分鐘。這樣的高溫環境下，的確會讓人滿身大汗。熱瑜珈可以帶來什麼好處呢？要找到答案就需要透過一些資料，來證明熱瑜珈宣稱的益處，以及支持那些宣稱的證據。

　　Bikram 式熱瑜伽的官方網站說明了「這 26 種瑜珈姿勢可以用有系統的方式，活動到身體的每一部分，並針對所有器官、所有血管、所有韌帶以及所有肌肉，給予用來維持最佳健康和身體最大化功能的一切……瑜珈可以由內而外改變體態，從骨骼到皮膚、從指尖到腳底。而在改變前，你需要讓身體熱起來以獲得放鬆，因為身體熱開之後，會有較好的柔軟度。這樣才可以用任何想要的方式對身體進行重塑……當流汗時，體內的雜質也會經過皮膚排出體外。」

　　即使已經有一些研究佐證，但熱瑜珈在科學學術上的依據仍不多。研究結果的證實則如一些人的預期，發現瑜珈可以稍微提升耗氧量（$\dot{V}O_2$），進而增加能量消耗。和瑜珈老手相比，瑜珈新手的消耗能量較少，幅度為每 90 分鐘的課程約 200 到 500 大卡，相當於每分鐘 2 到 6 大卡，等於輕中度運動的消耗量。

　　毫不意外地，在炎熱的環境中做瑜珈會讓核心溫度和心跳率上升，並促進流汗。事實上，有研究指出，心跳率平均是最大心跳率（HR_{max}）的 72% 到 80%，而瑜珈新手心跳率會較低。在體內的每個循環中，因為流至皮膚的血流量增加，且身體水分透過汗而流失，所以熱所造成的壓力會增加心血管系統的張力。人體必須攝取適量液體來避免脫水，藉此保護心血管健康，並防止核心溫度上升到危險範圍。此外，對於患有多發性硬化症和心血管疾病的人來說，嚴禁置身在炎熱的環境下，否則可能會危及性命。

　　即使沒有可靠證據能證明，在炎熱的環境中運動能「放軟」身軀或流汗能排出毒素或雜質，實際上有在練熱瑜珈的人可以獲得熱適應訓練帶來的生理效益，經由輕中度運動，取得肌力、柔軟度和有氧體適能方面的適度進步。

資料來源：Pate, J.L., & Buono, M.J. (2014). The physiological responses to Bikram yoga in novice and experienced practitioners. *Alternative Therapies in Health and Medicine, 20*(4):12-18; Bikram's Yoga College of India. (2015). Bikram yoga. www.bikramyoga.com/BikramYoga/about_bikram_yoga.php.

寒冷帶來的環境壓力會使運動表現下滑

　　很多環境狀況都會造成熱能迅速流失和核心溫度下降。所幸體能活動可以生成熱能，即使是需要在寒冷天氣下進行的運動（像是冰球、高山滑雪、越野滑雪和美式足球）經常在酷寒的狀況下舉辦，運動員仍可以透過穿著來限制部分熱能的流失。圖10.3 顯示身體置身寒冷環境時的一些生理反應。

　　人體對冷的適應效果，並不如對熱的適應一般顯著，然而，在寒冷環境中接受訓練的運動員會習慣低溫，讓身體核心溫度稍微下降時不會產生顫抖。反覆置身在低溫

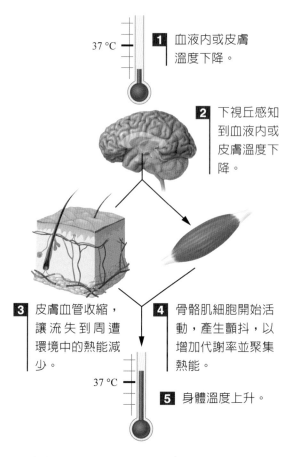

37°C

1 血液內或皮膚溫度下降。

2 下視丘感知到血液內或皮膚溫度下降。

3 皮膚血管收縮，讓流失到周遭環境中的熱能減少。

4 骨骼肌細胞開始活動，產生顫抖，以增加代謝率並聚集熱能。

37°C

5 身體溫度上升。

圖 10.3　在低溫環境中運動時，運動員的運動衣裡面會是相對溫暖許多的地方，所以血管舒張和流汗仍會發生。但當運動停止或降低到低強度的時候，核心溫度就會快速下滑到正常值以下，此時下視丘便會透過交感神經系統收縮皮膚內的血管，並讓肌肉出現顫抖。這些身體反應會減少散熱，並增加生熱。

環境時，身體會產生的適應變化包括增加代謝性熱能生成、出現更多顫抖，以及血管以更有效率的方式收縮。跟在高溫環境時相同，行為因應也是在低溫環境中調節體溫的重要方法之一。添加衣物、移動到溫暖的地方、尋找避難處、調整運動強度，都是常見的因應行為。

　　置身在極寒或漫長的寒冷環境中，可能會導致身體所有嘗試維持體溫的所作所為徒勞無功，當核心溫度下降到低於正常值時，肌肉內受到徵召的運動單元會減少，肌細胞收縮的速度也會下降。這兩項改變會使爆發力、運動表現和熱能生成降低。顫抖對肌肉來說是生成額外熱能的有效方法，但顫抖時需要 ATP，並會快速消耗儲存在肌肉中的肝醣。運動和身處低溫環境時，身體的一項普遍反應是增加兒茶酚氨激素的分泌，腎上腺素和去腎上腺素可以幫助血管收縮，並增加來自脂肪細胞的自由脂肪酸，為顫抖中的肌細胞提供能量。在非常寒冷的情況下，若脂肪細胞內也發生血管收縮，就會減少釋放到血流中的脂肪酸，因而減少肌細胞產生顫抖所需的部分能量。

　　泡在冷水中，會讓身體特別難以維持體溫。事實上，即使身體嘗試收縮皮膚血管和透過肌肉收縮、提升新陳代謝和產生顫抖來增加熱能生成，以減緩熱能的流失，然而熱能在冷水中的流失速度仍比在冷空氣中的流失速度快 4 倍。浸入冷水或被冷水淋溼會造成體溫快速下降，多數人都有這種經驗。水具有比空氣強 26 倍的傳導能力，這表示浸入水中會加速身體的熱能流失，流動中的水流則能透過傳導降溫增加更多的熱能流失。

　　當核心溫度低於華氏 94 度（攝氏 34.5 度，臨床上已屬**體溫過低**的溫度）時，下視丘就無法再控制體溫調整，核心溫度便會繼續下跌。身體溫度愈低，下視丘就愈無法控制血管收縮和增加顫抖。心跳率下降、體溫降低、開始昏沉，時間愈久便愈可能陷入昏迷和死亡。

在寒冷環境中運動時，如果汗水浸溼衣物的話，會加速散熱。

對低溫的適應反應包括習慣冷的感覺、新陳代謝上的適應和隔熱適應。也難怪寒冷水域游泳運動員，會有特別厚的體脂肪！

在高海拔地區運動

在第 3 章曾提到，平時呼吸的空氣中氧氣占了 21%（精確來說是 20.93%），剩下的是氮氣，還有少量二氧化碳。在海平面和低海拔地帶（定義爲地表高度低於 1,500 英尺或 500 公尺），大氣壓力夠高，能確保肺臟置身於足量比例的氧分子中，讓人體易於呼吸。然而，在地表最高處的聖母峰，大氣壓力只有海平面的 33%。因此，氧分子相較之下會以較遠的距離四散，造成血液中的氧分子含量減少，讓呼吸變得困難。大氣壓力下降往往稱爲**低氣壓**（hypobaria），而血液中氧氣含量的減少則稱爲**低血氧**（hypoxia）。即使在聖母峰的最高點仍有 21% 的氧氣，由於能產生壓力的空氣要少得多，因此海拔 29,029 英尺（8,848 公尺）高度的大氣壓力仍極低（見圖 10.4）。在海平面，有 24 英里（約 39 公里）高的空氣柱對人體施加壓力；但在聖母峰，空氣柱的高度卻少於 19 英里（約 30.6 公里）。在高海拔地帶，即使僅是爲了滿足休息時的最低代謝需求，呼吸也會變得非常急促，爲的就是將足夠的氧氣帶入肺部。

在高海拔地帶運動會減少運動表現能力，因爲氧氣分壓降低後，會減少最大有氧能力和爆發力。爲了說明海拔高度對人體的影響，先將高度分類如下：

低海拔地帶：海平面上 1,500 到 7,000 英尺（500 到 2,000 公尺）。

中海拔地帶：7,000 到 10,000 英尺（2,000 到 3,000 公尺）。

高海拔地帶：10,000 到 18,000 英尺（3,000 到 5,500 公尺）。

極高海拔地帶：超過 18,000 英尺（> 5,500 公尺）。

在超過 5,000 英尺（約 1,500 公尺）高度運動，會損害運動表現。除了上述低大氣壓力造成的直接影響之外，在這個高度之上的乾冷空氣也會拖累運動表現。平均來說，每上升 500 英尺（約 150 公尺）空氣溫度就會下降攝氏 1 度。再說，冷空氣屬於乾空氣，會增加呼吸時水分的流失，造成脫水。圖 10.5 說明置身於高海拔環境時，身體會進行的生理調適。

待在高海拔地帶三週以上後，就會促成各種生理上的適應變化，以提升身體應付海拔壓力的能力（見圖 10.6）。在高海拔地帶生活，有助於在高海拔環境中進行訓練和競賽的能力，但相較於居住在平地，這些能力是會持續下降的。

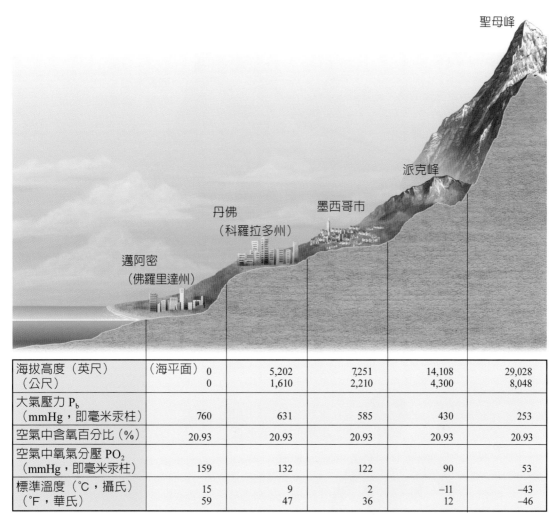

海拔高度（英尺） （公尺）	（海平面）0 0	5,202 1,610	7,251 2,210	14,108 4,300	29,028 8,048
大氣壓力 P_b （mmHg，即毫米汞柱）	760	631	585	430	253
空氣中含氧百分比（%）	20.93	20.93	20.93	20.93	20.93
空氣中氧氣分壓 PO_2 （mmHg，即毫米汞柱）	159	132	122	90	53
標準溫度（℃，攝氏） （℉，華氏）	15 59	9 47	2 36	−11 12	−43 −46

圖 10.4　隨著所在環境的高度增加，空氣中的氧氣百分比會維持不變，但大氣壓力會下降，而肺部承受的氧氣壓力也會減少。

資料來源：Reprinted, by permission, from W.L. Kenney, J.H. Wilmore, and D.L. Costill, 2015, *Physiology of sport and exercise*, 6th ed. (Champaign, IL: Human Kinetics), 271.

換氣率增加。
排出更多二氧化碳。

心跳率增加。
血壓增加。
心輸出量增加。

尿液生成增加。
血流量減少。
肌肉使用更多葡萄糖，並減少
脂肪的消耗。
肌肉生成更多乳酸。

肌肉可利用的
氧氣變少

代謝率增加。
胃口下降。
$\dot{V}O_{2max}$ 下降。
運動能力下降。

圖 10.5 初次置身於高海拔環境時，人體會產生許多生理上的調適，以幫助因應空氣中氧氣分壓的減少。

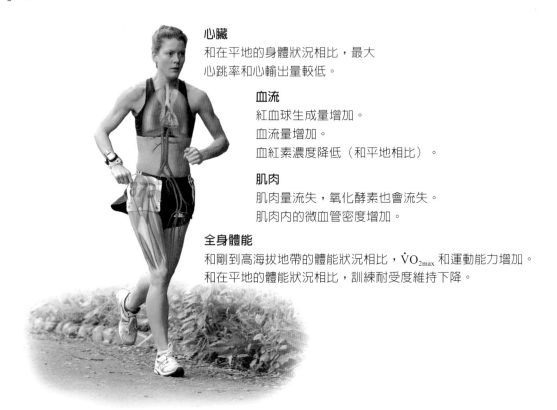

心臟
和在平地的身體狀況相比，最大
心跳率和心輸出量較低。

血流
紅血球生成量增加。
血流量增加。
血紅素濃度降低（和平地相比）。

肌肉
肌肉量流失，氧化酵素也會流失。
肌肉內的微血管密度增加。

全身體能
和剛到高海拔地帶的體能狀況相比，$\dot{V}O_{2max}$ 和運動能力增加。
和在平地的體能狀況相比，訓練耐受度維持下降。

圖 10.6 待在高海拔地帶至少三週之後，就會產生圖示中各種生理適應，以提升身體在高海拔地帶的運動能力，但對於在平地的運動表現沒有幫助。

高海拔地帶訓練能提升在平地的運動表現嗎？

　　在中海拔地帶（7,000 到 10,000 英尺，相當於 2,133 到 3,048 公尺）生活三週以上後，呼吸、心血管和肌肉等方面會產生適應變化。置身在海拔更高的地帶時，所需時間會更久。這些適應包括提升身體在高海拔地帶的有氧運動能力。然而，這些適應變化能提升在平地的運動表現嗎？答案是否定的。

　　高海拔地帶訓練無法提升在平地的運動表現，若推究其可能原因，是因為在高海拔地帶的訓練強度會降低。換句話說，在高海拔地帶會減少訓練刺激，人體對於訓練的反饋因此減少。運動員在低海拔地帶進行難度較高的訓練，從較多的訓練刺激中獲益，會是獲得反饋的較好方式。另外，花時間在高海拔地帶訓練會導致脫水，並使血流量及肌肉量流失，在在對運動表現造成不良影響。

　　身處高海拔環境，藉此提升高海拔和接近平地的運動表現——這樣的訓練策略重點在於運動員能花多少時間待在高海拔地帶，以及訓練目標是為了準備高海拔地帶的比賽，或是要利用高海拔地帶的相關適應變化，來在平地舉行的比賽中獲得優勢。

　　在高海拔地帶參加比賽時，於賽前抵達當地的時間能愈接近賽事開始時間愈好。如此一來，才不會有足夠時間產生高海拔帶來的不良反應。若比賽為期一天，這會是最好的安排。而對於橫跨數日的比賽，宜於賽前在高海拔地帶訓練至少兩週，不良反應才會在比賽前產生並緩解。這樣的方式最適合在高海拔地帶舉辦的多日競賽。

　　對於耐力型運動員，或許最好的方法是：於高海拔地帶生活，獲得適應變化帶來的好處，但在較低海拔的地方訓練，以維持高強度運動刺激，並促成更多的適應變化。簡言之，在高處生活，在低處訓練。有些運動員還會利用低氧睡眠帳篷，來獲得類似於居住在高海拔地帶的刺激，這種模擬可以讓血流量因環境因素下降後，透過適應提升，促成血紅素增加（參見譯註），幫助提升耐力表現。研究顯示生活在 6,600 到 8,200 英尺（相當於 2,000 到 2,500 公尺）的高度，應能促進身體產生最佳的反饋。

譯註：原文「...to simulate living at altitude to provoke increases in blood volume and hemoglobin...」和前段「使血流量增加」不符。經國外出版單位代問並許可後，補述該機轉。

置身高海拔地帶的健康風險

　　許多滑雪遊客去高海拔地帶的滑雪度假村時，有時會感到頭痛欲裂。事實上，頭痛是高山症最普遍的症狀，高山症也稱爲急性高山病（AMS）。在抵達高海拔地帶至少 6 小時後，頭痛、噁心、呼吸急促、睡眠品質不佳都可能會發生。三到四天後，這些症狀便會緩解或消失。置身的海拔高度愈高，症狀便愈嚴重，發病者也會增多。症狀嚴重時，可由醫師開立處方藥來舒緩症狀。

　　一般急性高山症的後果，只會讓滑雪遊客少滑幾天雪。而在更高海拔的高山症反應則可能如圖 10.7 所示，有危急生命之虞。

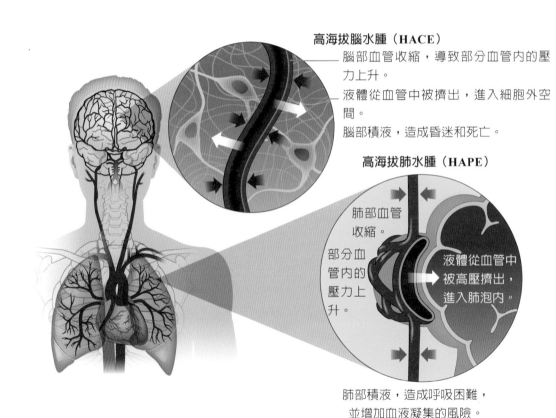

高海拔腦水腫（HACE）

腦部血管收縮，導致部分血管內的壓力上升。

液體從血管中被擠出，進入細胞外空間。

腦部積液，造成昏迷和死亡。

高海拔肺水腫（HAPE）

肺部血管收縮。

部分血管內的壓力上升。

液體從血管中被高壓擠出，進入肺泡內。

肺部積液，造成呼吸困難，並增加血液凝集的風險。

圖 10.7 高海拔高山症必須立即處置。

第 11 章

為老弱婦孺打造訓練計畫

生理成熟、年齡高低和懷孕與否都會影響訓練計畫的設計。

運動員／學員的身材、體型、年齡和體能不一，各有各的目標、興趣、運動排程和挑戰。在運動員／學員中，兒童、年長者和孕婦是會面臨獨特挑戰的三大族群，在設計和執行上，須另訂有效的訓練計畫。針對這三大族群，必須了解其對體能活動和經常訓練如何產生反饋和適應，這對於設計專屬訓練計畫來說不可或缺，才能將運動相關的各種助益和限制等考量納入訓練菜單中。

關於運動訓練促成的身體反饋，兒童和成年人會有所不同嗎？

不論任何年齡，多活動身體所帶來的助益一生受用。人體的構造設計適合進行各種動作，執行各項任務，並適應逐漸增加的體能活動需求。不論是人生哪一個階段，缺乏運動都會有損健康、壽命和生活品質。在書桌、電視機或電腦前面一坐好幾個小時，都會危及健康，而只要每天多動，就能讓負面影響降到最小。在人生階段中，盡早養成良好的體能活動習慣，則隨著年歲增長，便愈容易維持習慣。在人生面臨艱鉅時刻時，尤其如此，因為人往往因為要忙其他優先事項，就忘記活動身體。首先，在任何年齡的體能活動都應該是有趣的，這點認知是最高原則，因為樂趣是任何行為想要持之以恆的不二法門。對孩童來說，寓「動」於「樂」應該是運動和體適能計畫中的核心。保持樂趣固然必要，但務必要先釐清的是，從各方面來說，兒童並不是縮小版的成人。兒童和成年人對於體能活動的反饋不同，因此在設計以兒童為對象的訓練計畫時，這點必須納入考量。

舉例來說，兒童和成年人間的差異之一為兒童年齡和成熟程度之間的大幅落差。年齡和成熟與否可能不盡相關，尤其是談到情緒和行為方面，你或許會覺得身邊某些朋友或小孩，或多或少比實際年齡更成熟，其中的判斷基準在於情緒反應或行為是否有符合一般人對所屬年齡的認知。

從生理學的角度來看，成熟與否的判斷需要多一點客觀性。從嬰兒期（出生到滿週歲）、經過童年期、青春期，直到最終邁入成年期，每個人在生理上的成熟速率都有些微不同（見圖 11.1）。在發育中的任何階段，生理上的成熟都取決於實際年齡、骨骼年齡，以及性徵成熟的階段。

一些運動項目中，年齡分組競賽常用來讓兒童和青少年與發育程度相似的同齡選手比賽。其他運動項目中，則用體

多數人在 2 歲時已長到其成人期身高的一半。

成長、發育和成熟的定義不同，但三者會隨著年齡增長同時發生。

發育
指細胞分化成功能性器官系統。

成熟
指人體完全成長，且功能發育完善的過程。

成長
身體或任何身體部位增大。

出生　歲數 1　歲數 2　歲數 3　歲數 4　歲數 5　歲數 6　歲數 7　歲數 8　歲數 9　歲數 10　歲數 11　歲數 12　歲數 13　歲數 14　歲數 15　歲數 16　歲數 17　歲數 18

嬰兒期
從出生到
滿週歲

兒童期
從週歲到進入
青春期時

青春期
從進入青春期到身體骨骼發展成熟（女生
為 16 到 19 歲、男生為 18 到 22 歲）

▌**圖 11.1**　成長、發育和成熟的定義不同，但三者均會隨著年齡增長同時發生。

重來當作選手的分組（級）標準，增加比賽的公平性。相關賽制雖可以幫助區分比賽級別，但無法判斷選手的生理成熟度。舉例來說，10 到 12 歲的游泳選手在身高、體重和性徵成熟度方面天差地別；同樣地，14 歲和 18 歲角力選手即使在同一量級，生理成熟度也可能大相逕庭。雖然只能透過分級方式來維持比賽的公平性，但這正反映了年齡造成的差異，因此在制訂訓練計畫時，必須隨時注意這些差異。

訓練對於兒童的骨骼發育是傷害還是幫助呢？

和骨骼肌與心臟相同，骨骼也會適應經常訓練所帶來的壓力。設計良好的訓練計畫、一般的遊戲活動和適當的營養補充（充足攝取鈣質和維他命 D）可以刺激身體的適應變化，讓骨骼更健康、強壯。

大多數的骨骼構造是在胚胎時開始從軟骨發育而成，並會持續進行**骨化**（**ossification**）的過程，直到青春期開始。骨頭成長的過程中，軟骨會變硬，成為骨骼。骨頭中有一線狀的軟骨稱為**骨骺板**（**epiphyseal plate**），一般人稱為**生長板**（**growth plate**），該軟骨代表骨頭仍在成長（見圖 11.2）。女性骨骼的生長板通常

會比男性骨骼的生長板早幾年消失，因為女性荷爾蒙會讓生長板停止作用。

　　在人生任一階段，經常從事體能活動有益於骨骼健康，不過在兒童期和青春期會特別明顯。跑步和反覆跳躍這些動作對骨骼有高影響力，可以透過對骨骼施加足夠的壓力，來促成適應變化，進而刺激骨骼生成。**骨密度（bone mineral density）**會在 20 至 29 歲期間達到巔峰，之後便會逐漸下降。青春期若能適當攝取營養和運動，可提升本身的最大骨密度，這對人一生的骨骼健康來說是很重要的。女性更年期會加速骨質流失，因此若年輕時骨密度較低，會增加**骨質疏鬆（osteoporosis）**的風險。

女性肌肉量通常會在 16 到 20 歲時達到最高，而男性則是 18 到 25 歲。

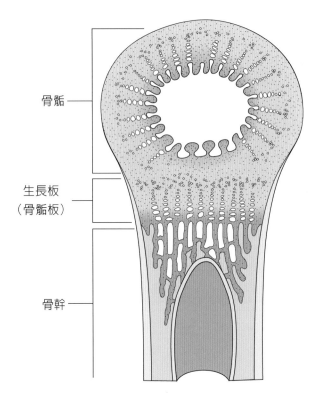

骨骺

生長板
（骨骺板）

骨幹

圖 11.2　兒童時期，長骨（如四肢的骨骼）末端部分是由軟骨組成。骨骼的生長過程中，在稱為生長板或骨骺板的部位，軟骨會變硬，骨骼因此生長。

神經系統的發育

　　不論是設計完善的運動項目，或只是在空地嬉戲，兒童如果要經常從事體能活動，必須發展出夠成熟的神經系統，以適應各式各樣的動作需求。這類適應在腦部與運動神經歷經**髓鞘化**（**myelination**）過程後，便會逐年發生（見圖 11.3）。

　　經常從事體能活動，可以幫助兒童發展身體平衡、敏捷性和協調性。因此，孩童應該去體驗各種運動和活動，這樣才能學習新的動作技巧和移動方式，提升體適能，一生受用無窮。兒童從事多元活動的另一項重要理由是，運動技巧會在青春期快速進步，而人生階段中愈早學到的運動技巧，愈能一生受用。

血壓與體型有關，兒童的血壓低於成人。

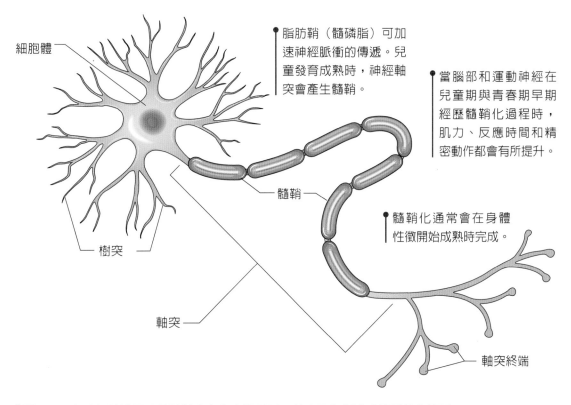

細胞體

脂肪鞘（髓磷脂）可加速神經脈衝的傳遞。兒童發育成熟時，神經軸突會產生髓鞘。

當腦部和運動神經在兒童期與青春期早期經歷髓鞘化過程時，肌力、反應時間和精密動作都會有所提升。

髓鞘

髓鞘化通常會在身體性徵開始成熟時完成。

樹突

軸突

軸突終端

圖 11.3　在神經纖維周圍的髓鞘會在兒童期發展，其功用為增進神經脈衝的傳遞。

兒童能透過訓練提升肌力嗎？

先說結論：可以。透過適當的訓練（包括阻力訓練），兒童能提升肌力。

身體發育時，由於肌肉會自然增大，肌力隨之增加。可以想見的是，男女均在青春期時肌力快速成長。當成長到了青春期尾聲時，肌力也會發展到巔峰後暫緩成長，直到因為工作或日常運動給予肌肉足夠的壓力，來刺激適應變化，才會讓肌力繼續增加。

在青春期前，肌力會逐漸提升，但肌肉大小不會有任何改變。要記住，身體也可以徵召更多運動單元，藉此提升協調性，進而提升肌力，過程中運動項目的特定技巧也會提升，而這些技巧的增強不需要增大肌肉。所有訓練原則雖然是兒童和成人通用，但仍須針對兒童額外注意，以預防受傷（尤其是在進行肌力訓練的時候）。頁面下方是針對兒童進行肌力訓練的綜合建議。

在青春期前，肌力的提升是因為神經系統發生變化（協調性增加，運動單元的徵召數量也提升），而肌肉大小幾乎沒有任何變化。

兒童進行肌力訓練的建議

- 不論幾歲，採用適當的運動技巧永遠是訓練的最高原則。對於年輕的運動員來說尤其重要。
- 從徒手訓練進階到傳統肌力訓練時，使用極輕量或無重量負重，以幫助兒童學習適當的鍛鍊技巧。
- 維持低訓練量，讓運動內容維持單純，並逐漸增加運動次數。
- 兒童學會所有的基本運動和重量訓練技巧，需要以年為單位的長期努力，而非幾個月內就能速成。
- 在指導新的運動技巧時，從極輕量或無重量的阻力訓練開始。
- 當兒童成長到青春期，從一般的阻力訓練轉為針對特定運動項目的阻力訓練。
- 青春期後，肌力訓練的運動量和強度便可以逐漸提升。

兒童的身體對於運動會產生何種的反饋？

隨著兒童的年齡增長，體內所有的生理系統也逐漸發育完成。雖然兒童的生理系統還未完全成熟，只要考量生理上的限制，兒童能在避免潛在健康風險的狀況下，從事所有類型的運動。舉例來說，由於肌肉中的無氧（醣解）酵素含量較少，兒童對於無氧運動的承受能力有限。基於此考量和其他因素，高強度訓練應該等到青春期再進行。圖 11.4 顯示了兒童身體對於單組運動的反饋。

訓練計畫應該根據兒童對訓練的適應能力來調整嗎？先說結論：不用。雖然兒童和成人對於訓練後的適應程度不同，但兒童適應運動訓練壓力的方式，和成人大同小異。適應程度上的不同，不會改變訓練計畫的制訂原則（如第 5 章所述）。對於兒童進行運動訓練，預期的生理反饋如下：

- 兒童的體重和體脂減少，不過在訓練增加的淨體重（lean body mass）上，幅度也會少於青少年和成年人。
- 兒童的肌肉醣解能力、核酸肌酸（PCr）和三磷酸腺苷（ATP）含量皆會因為訓練而有所提升。
- 經常訓練，對於成年後身高沒有影響。
- 兒童的最大耗氧量（$\dot{V}O_{2max}$）提升幅度為 5 至 15%。相較之下，青少年和成年人的上升幅度為 15 至 25%。
- 隨著心臟發育，青春期後的 $\dot{V}O_{2max}$ 會因為心搏量的增加而提升。

相較於成年人，兒童的 $\dot{V}O_{2max}$ 和跑步帶來的運動經濟性都較低。

兒童應該節食嗎？

隨著愈來愈多兒童體重過重或肥胖，增加日常體能活動是協助減重的重要一環，這點無庸置疑。近期的運動指南呼籲兒童每天應該進行至少 60 分鐘的體能活動。美國兒科學會（American Academy of Pediatrics）建議體重過重的兒童增加日常體能活動（能量輸出）並適當限制能量攝取，像是透過選擇適當份量的健康食物來均衡飲食，逐漸減少體重（如 1 磅／週，相當於 0.5 公斤／週）。宜建議家長洽詢小兒科醫師，透過專業指導幫助小孩減脂。

兒童的 $\dot{V}O_{2max}$ 相較於成年人較低，但到青春期結束前會逐漸增加。

$\dot{V}O_{2max}$ 會因為訓練而增加，不過增加的程度跟成年人相比相對低。然而在運動表現方面，兒童可以有大幅成長。

因為身材和心臟較小，兒童的**血壓**也會比成年人低。

即使兒童運動時的血壓較低，身體本身也不會因此限制流到肌肉的血流量，這是因為兒童的周圍血管阻力較小。

兒童的最大**心跳率**較成年人快。

因為兒童心臟較小、心搏量也較少，因此從事相同程度的運動時，心跳率會較成年人高。

兒童的最大**換氣量**較成年人低。

和成年人的肌肉相比，兒童的肌肉可以從血流中獲取更多氧氣，這是心搏量較少的另一個補償機制。

兒童的「表皮面積－體重」比例較成年人高，這表示兒童的吸散熱速度比成年人更快。

相較於成年人，兒童的**動作經濟性**較低，但藉由訓練和年紀增加後，可獲得改善。

兒童**汗量**較少，適應熱的速度也較成年人慢。

因為醣解能力比成年人差，因此相較於成年人，兒**童對於高強度訓練的耐受力**較低。兒童的乳酸製造量也較少。

兒童的**肌肉肝醣**含量較少，在運動時比成年人更依賴脂肪氧化。

兒童和成年人在肌細胞中的 **ATP** 和磷酸肌酸含量相似，所以可以承受少量組別的高強度運動。

圖 11.4 針對急性健身運動（acute exercise，單次體能活動），即使兒童和成人的生理與代謝反應有部分差異，但這些差異並不阻礙兒童從事各類運動，且可從事的項目和成人幾乎一樣。

保健食品對兒童來說安全嗎？

美國市場上有超過五萬種營養補充品，多數無足夠證據來證明其安全性或療效，因此無法針對所有兒童保健食品提出一體適用的建議。兒童和成人一樣，應該透過攝食富含蔬果、瘦肉、穀物和乳製品的均衡飲食，來攝取所有必需營養素。如果父母擔心小孩沒辦法照期望吃得這麼健康，低劑量的複合維他命和礦物質補充品，可以幫助確保攝取足夠的微量營養素。除非醫師建議，否則兒童不需要攝取其他保健食品，尤其是包括肌酸和 β- 丙胺酸在內的運動補充品。

如何拿捏兒童體能訓練的安全界限？

　　對於耐力型訓練會如何影響兒童，目前仍不清楚，因為這個問題尚未充分探討。現在知道的是，兒童可以適應耐力型訓練，並在游泳、跑步、自由車等耐力型運動項目中，表現出顯著進步。然而，耐力型訓練會如何影響兒童的整體成長、骨骼發育、初經發生、骨頭受傷風險、社會化過程和心理發展，仍未有定論。在這些方面的探討，研究界已經落後實務界，因為在諸多運動項目中，年輕運動員往往每日投入訓練數小時，也不見得有成長或發育相關記錄，游泳選手就是一個很好的例子。然而，在設計兒童的訓練計畫時，必須兼顧訓練和營養，才是能同時促進身心自然成長和發育的最好方式。

　　有一個通則是，兒童在青春期後期，可以開始以成人的方式進行訓練，此時他們的身體已經能夠承受激烈訓練的強度、時間長度和頻率。的確有很多年輕的體操、游泳和跑步運動員會進行很多成年人都無法應付的訓練計畫，而且看起來沒有長期的不良影響。由於現階段能協助決策的科學結論不足，在決定兒童的訓練強度、時間長度和頻率時，訓練與指導在技能和實務上若可相輔相成，往往才會是最佳指引方向。

年長者能適應訓練嗎？

現在主題轉移到年齡光譜的另一端，來了解老年人的身體如何對訓練產生反饋，並適應訓練。老化固然無可避免，所幸每天活動身體，並定期訓練肌力，可以延緩或反轉老化帶來的許多身體變化。

年齡增長帶來的身體變化

年齡漸增時，許多身體上的改變也隨之發生，如圖 11.5 所示。對許多人而言，這些變化終究會影響日常活動，如打開寬口瓶、抬起日用品，以及維持身體平衡等。有些改變是無法避免的，但多數可透過經常從事體能活動和訓練來改善。

25 歲以後，由於體能活動的減少和能量（卡路里）攝取增加，體重會容易上升。65 歲之後，體重則容易減少，這是因為食慾和體能活動下降，以及肌肉量的流失。如果體能活動減少，肌肉量的流失就會提早發生。

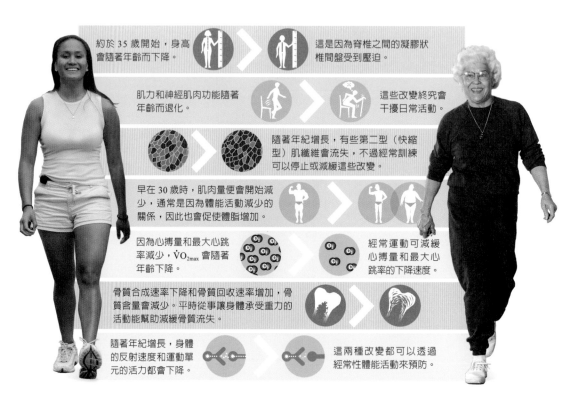

約於 35 歲開始，身高會隨著年齡而下降。 > 這是因為脊椎之間的凝膠狀椎間盤受到壓迫。

肌力和神經肌肉功能隨著年齡而退化。 > 這些改變終究會干擾日常活動。

> 隨著年紀增長，有些第二型（快縮型）肌纖維會流失，不過經常訓練可以停止或減緩這些改變。

早在 30 歲時，肌肉量便會開始減少，通常是因為體能活動減少的關係，因此也會促使體脂增加。 >

因為心搏量和最大心跳率減少，$\dot{V}O_{2max}$ 會隨著年齡下降。 > 經常運動可減緩心搏量和最大心跳率的下降速度。

骨質合成速率下降和骨質回收速率增加，骨質含量會減少。平時從事讓身體承受重力的活動能幫助減緩骨質流失。 >

隨著年紀增長，身體的反射速度和運動單元的活力都會下降。 > 這兩種改變都可以透過經常性體能活動來預防。

圖 11.5 隨著年齡增長，身體會發生各類變化。對於生活中久坐的人來說，這些變化往往更明顯。

從運動的觀點來看，20 到 30 歲出頭時，是運動能力最好的時期，之後便會開始緩慢下降；25 歲後，短跑和長跑的運動表現每年平均會下降約 1%；60 歲之後下降速率就會增加到每年 2%。老化造成運動表現降低的現象，和肌力以及有氧能力的衰退有關。運動表現能力的下滑，固然是年齡增長過程中不可避免的事情，但仍然可以透過經常訓練來減緩。事實上，有些年長者的運動表現可能不亞於年輕人，甚至有過之而無不及。

運動訓練對年長者有幫助嗎？

年長者身體對於訓練的反饋，和年輕人身體產生的反饋相似，都會提升生理和代謝功能，並增進運動表現能力。也因此，以 60 歲運動員而言，運動表現能力好過於 30 歲的非運動員也不足為奇。雖然最大心輸出量的確會因為最大心跳率和最大心搏量的衰退而下降，流到四肢的血量也會減少，但仍可以維持出色的運動表現能力。運動能力下降，究竟是老化帶來的影響，還是因為多年來活動量相對較低，或訓練強度和時間減少，固然很難釐清哪一因素是始作俑者，然而值得慶幸的是，適當的訓練仍能明顯提升所有的體能活動能力，包括肌肉量、肌力、耐力、有氧能力、敏捷性、平衡、柔軟度和無氧能力。

和老化有關的肌肉量和肌肉功能衰退稱為**肌少症**（**sarcopenia**），這個詞創於 1988 年，希臘語意思就是「缺少肌肉」。即使是極高齡者，只要經常鍛鍊肌力，也可以幫助維持肌肉量、肌力和神經肌肉功能。圖 11.6 顯示中年晚期的人訓練肌力後，於肌肉量方面產生效果的明顯例子。透過肌力訓練也可以減緩第二型肌纖維流失，而包含身體重力帶動的徒手體能活動（如跑步和跳躍等對身體有衝擊的運動）可以幫助減緩骨質流失。減少肌肉力量和肌力隨老化流失，對於維持生活獨立的能力來說相當關鍵，也能減少意外跌倒的風險，促使身體從傷病中更快恢復，並提升整體的生活品質。

60 歲之後，打開廣口瓶瓶蓋的失敗率會明顯增加。

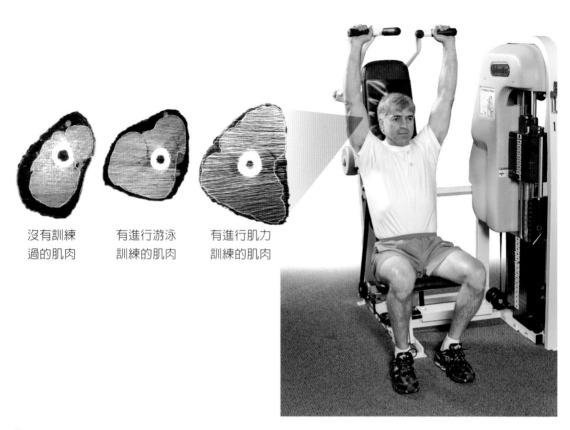

沒有訓練　　　有進行游泳　　　有進行肌力
過的肌肉　　　訓練的肌肉　　　訓練的肌肉

圖 11.6　上圖為針對上臂的掃描造影圖，對象是三位 57 歲男性，體重相近。白色圓環狀的是骨頭，灰色部分是肌肉，黑色部分則是皮下脂肪。

資料來源：Reprinted, by permission, from W.L. Kenney, J.H. Wilmore, and D.L. Costill, 2015, *Physiology of sports and exercise*, 6th ed. (Champaign, IL: Human Kinetics), 453.

　　耐力型訓練不會影響到老化造成的肌肉量流失，只有肌力訓練能在老化過程中幫助維持肌肉量。然而，耐力型訓練倒是可幫助減少老化造成的 $\dot{V}O_{2max}$ 下降（圖 11.7）。

　　經常活動身體能減少早逝的風險，也能降低面臨炎熱和寒冷環境的身體健康風險。熱壓力對於年長者來說是特別需要注意的問題，尤其是罹病或是體適能特別差的年長者。當年長者置身於炎熱的環境中時，流到皮膚的血流量和排汗量比年輕人少，造成年長者身體核心溫度會上升得更快。幸好，有氧訓練可以提升流到皮膚的血流量、排汗量，以及血液流到皮膚、活動中肌肉和內部器官的血流量。在寒冷的環境中，年長者皮膚的血管會收縮得較少，因為肌肉

在年齡增長的過程中，由於運動可以促使身體保存和保護粒線體，並維持粒線體的活力運作，因此扮演重要的角色。

量通常較低，年長者產生代謝熱（metabolic heat）的能力也較低。這些改變都會讓有一定年紀的成人（尤其是高齡者）更容易受到低溫影響。在戶外運動時多穿衣服，並針對個人狀況稍作調整，對於補償身體因為年齡而衰退的各項能力而言有其必要。

年長者訓練計畫的擬定技巧

美國疾病控制和預防中心（CDC）針對體能活動推出的指南，同樣適用於年長者，且可作為年長者訓練計畫制訂與客製化的一般方針。

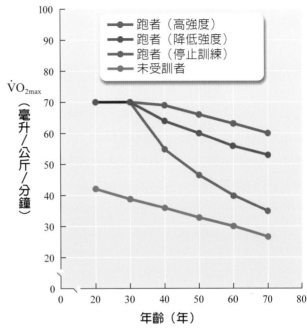

圖 11.7　跑者若在生涯前期有氧體適能較高，隨著年齡增加，即使體適能方面整體有一些衰退，只要維持高強度訓練，便能保有出色的體適能水準。即使有朝一日減少強度或停止訓練，體適能水準仍能高於未受訓過的人。

資料來源：Reprinted, by permission, from W.L. Kenney, J.H. Wilmore, and D.L. Costill, 2015, *Physiology of sports and exercise*, 6th ed. (Champaign, IL: Human Kinetics), 471.

年長者的身體活動指南

- 針對年長者的訓練計畫應該強調基礎有氧能力調節、能提升肌力和肌肉量的運動，以及能促進柔軟度、平衡和敏捷性的活動。
- 每週至少 2 小時 30 分的中度體能活動（如快走）加上每週至少 2 次的肌力訓練，以鍛鍊到所有主要肌群。
- 對於可以負荷更激烈活動的人，則建議至少 1 小時 15 分的活動（類似慢跑或快跑），另宜加上每週 2 次肌力訓練。
- 若希望能獲得更多運動帶來的健康效益，可以將整週的運動長度提升成 2 倍。
- 就算僅僅是 10 分鐘的運動，也和提升身體功能和健康有關。
- 持續從事走路、腳踏車、游泳……等活動，對於提升有氧能力來說，是很好的出發點。
- 簡單的徒手運動如推牆伏地挺身、踮腳尖站立、坐姿踢腿、站姿小腿後勾、仰臥骨盆前後傾轉動和趴姿背部伸展等，這些阻力運動都能提升身體的功能性能力和肌力。同時可以幫助年長者進階至更費力的阻力訓練，如運動彈力帶、自由重量、其他器材及可以繼續在家運動的類似方式。
- 包括瑜伽在內的任何體適能課程，也很適合有運動動力的年長者。

孕婦應該運動嗎？

　　美國運動醫學學會（ACSM）鼓勵懷孕女性運動，前提是沒有出現禁忌症。在正常懷孕期間經常運動，可以減少母親和胎兒的健康風險，而隨運動產生的生理變化（如血流量增加），有助於持續性身體活動。孕婦的訓練計畫應該根據個人狀況調整，配合各自的興趣、能力和懷孕症狀。以下列出的孕婦運動指南僅爲通則，孕婦仍應隨時諮詢個別醫師，擬訂合適的訓練計畫。

孕婦必須每天額外攝取 300 大卡，幫助胚胎發育，因此在懷孕期間從事訓練的所有孕婦，應特別注意攝取足夠的能量。

孕婦的訓練指南

- 建議納入會使用到大肌群的活動，如走路、自由車、游泳。
- 孕期前三個月，可開始每天 15 分鐘、每週 3 天的運動，並觀察身體有沒有異狀或生理症狀。
- 懷孕第四個月起，運動應限制為每天 30 分鐘、每週 4 天，強度為中強度（如心跳率低於每分鐘 155 下）
- 懷孕 16 週後，避免仰躺在地面上運動，以減少靜脈阻塞的風險。
- 避免在高熱環境中運動，並保持水分充足。
- 懷孕期間可以繼續肌力訓練，方式為阻力訓練，練 12 至 15 下後達到輕微疲勞。
- 運動過程中絕對不要限制呼吸（也就是勿用伐氏操作技巧，一種閉氣用力的訓練法）。
- 懷孕期間的運動禁忌症包括貧血、糖尿病、支氣管炎、肥胖、厭食症、高血壓、關節痛或受傷、無法控制的癲癇、心肺疾病、出血和早期分娩。
- 自然產約一個月後便可以恢復運動，剖腹產則是約兩個月後。

月經、荷爾蒙和運動表現

雖然在運動科學家之間仍存在某些爭論,但月經應不會影響到運動帶來的生理和代謝反饋,且除非症狀嚴重到讓運動受限,否則也不會影響運動表現。事實上,各單項運動的女子運動員締造世界紀錄的當下,都有運動員正好處於月經週期,且經期各段時間都有。毫無疑問,月經與其相關的荷爾蒙會影響身體體溫、體液平衡和代謝作用,但較不清楚這些改變綜合起來會如何影響運動表現。

月經開始發生的年齡稱為**初經(menarche)**,似乎不會受運動類型影響。因為體脂含量較低的關係,嬌小、精實的女生不論從事什麼運動,初經常常會來得較晚。運動員和非運動員的月經週期混亂(如經期不規律或停經)原因相似,都會在限制熱量攝取的狀況下發生。在運動員身上,由於訓練和每日的大量能量輸出有關,這種能量缺乏對身體的影響還會加大。女性運動員身體的能量缺乏會造成骨骼和生殖器官健康方面的長期問題,原因在於雌性激素、黃體素、黃體生成激素(LH)和甲狀腺素的生成減少,並伴隨鈣質、維他命 D 和蛋白質的攝取減少。

女性之所以比男性有更高的前十字韌帶(ACL)受傷風險,有一說是因為睪固酮會增強韌帶,而雌性激素(可能還有其他激素)則會使韌帶弱化。當睪固酮作用於韌帶纖維時,韌帶纖維中膠原蛋白的生成會增加,進而增強韌帶。雌性激素則會減少膠原蛋白的生成。女性身體前十字韌帶(ACL)較易受傷的另一因素,是股四頭肌和大腿後側肌力的不同,以及女性在跳躍後落地動作的生物力學機制異於男性。因此,年輕女性的訓練內容應該著重於腿部肌力訓練,並培養正確的落地技巧,特別是籃球、足球、壘球、袋棍球和曲棍球等項目的女子運動員。

索引

譯註：本索引係針對該字詞相關概念，列出對應頁碼。f 指圖，t 指表格。

國家圖書館出版品預行編目資料

彩色圖解運動生理學導論／Bob Murray, W.
  Larry Kenney；高子璽,鄭士淮譯. -- 初
版. -- 臺北市：五南, 2019.06
    面；   公分
  譯自：Practical guide to exercise physiology
  ISBN 978-957-763-447-4 (平裝)

1.運動生理學

528.9012   108008066

5C18

彩色圖解生理運動學導論

作   者 ― Bob Murray、W. Larry Kenney

譯   者 ― 高子璽 (Tzu-hsi KAO)、鄭士淮

發 行 人 ― 楊榮川

總 經 理 ― 楊士清

副總編輯 ― 黃文瓊

責任編輯 ― 黃淑真、李敏華

封面設計 ― 姚孝慈

出 版 者 ― 五南圖書出版股份有限公司

地   址：106台北市大安區和平東路二段339號4樓

電   話：(02)2705-5066   傳   真：(02)2706-6100

網   址：http://www.wunan.com.tw

電子郵件：wunan@wunan.com.tw

劃撥帳號：01068953

戶   名：五南圖書出版股份有限公司

法律顧問 林勝安律師事務所 林勝安律師

出版日期 2019年6月初版一刷

定   價 新臺幣450元